広島県の祭り

真下三郎　著

溪水社

はじめに

　わが国には神社や寺院がはなはだ多く、人々はたいてい神社の氏子であり、寺院の檀徒である。われわれは、ふだん氏神様に詣でて御加護をお願いするほか、例祭日には一家連れだって参加する。またわが家の忌日には菩提寺へ参って、先祖代々の墓に香華を供え、行事のある時には子供に引かれて足を運ぶことが多い。つまりわれわれは、小さい時から、氏神様のお祭りやお寺の縁日とは、切っても切れないかかわりを持っているのである。これは日本人に伝わる篤い敬神崇祖の念が、心の奥底にあるせいであろう。

　本書は、数多い広島県内の神社のお祭りや寺院の縁日や、その他の祭り的行事の主なものについて、収録略述したものである。それらの中には、もとより由緒の古いものもあり、りっぱな民俗芸能と見られるものもすくなくない。これらの収録に当たって、まず第一章で神社をとりあげ、その第一節に広島県内に本社のある神社の縁起と祭礼を、第二節で他府県にある本社を県内に勧請した神社の縁起と祭礼を、第三節ではそれら以外の神社の縁起と祭礼を考えた。第二章では寺院の祭り的行事、たとえば縁日や灌仏会や盂蘭盆会などをとりあげた。この項目の立て方は、神社と違って、寺院では宗派の別によって行事が変わるというような事はほとんど無いと考えたゆえである。第三章はお祭り的な年中行事のうち、

比較的規模の大きいものを採りあげた。なお必要な関係事項と思われるものは
で解説した。

また最近は「まつり」「フェスティバル」といったまつり的行事が急に増加して地域の活性化に役立っているので、これらをできるだけ多く取り上げ、「新しいまつり的行事」として「付録一」とし、以上取り上げた祭やまつり的行事を月別に分類した「一覧表」を「付録二」とした。

本書はもとより私の筆になるものではあるが、諸方の御協力によるところも多い。広島県教育委員会からは「広島県文化財調査報告書」（第六集・第十二集）中の関係個所（故牛尾三千夫氏・真下三郎執筆）と関係写真十一葉の転載を許可された。また株式会社中国放送からは、昭和四十六年四月三十日同社発行の「広島県の民謡」（真下三郎執筆）中の挿画写真三葉の転載を、財団法人県民文化センター発行の「けんみん文化」に収載された「祭」の写真一葉はその撮影者から転用を許可していただいた。また挿画写真の撮影には在東城の若い友人寺岡直輝君の、資料のコピーには山陽女子短期大学副手木村淳子君の手を煩わしたものが多い。これらの手篤い学恩に対し、心から御礼申しあげる。

なお私のこれまでの一連の「広島県の民俗芸能」関係書は、これで最後となると思う。本書まで出版し続けてくださった溪水社主木村逸司氏に深い感謝の意を表するものである。

平成五年四月十五日

真下　三郎

目次

第二節　勧請社と祭礼　22

住吉神社

天満宮

八幡神社

第二章　寺院のまつり行事

盂蘭盆

節　分

第三章　年中行事のまつり行事

第一章　神社の祭礼

第一節　本社と祭礼

厳島神社

厳　島　神　社

イツクシマジンジャと申しあげる。安芸の一の宮で、主祭神は市《いち》杵《き》島姫《しまひめ》命である。命はまた佐依毘売《さよりひめ》命とも申しあげる。

神社は創建以来人々の尊崇を受け、特に平安時代の末ごろ、安芸守となった平清盛は、神社の神主佐伯景弘《さえきのかげひろ》のことばによって、神社を平家の守護神として崇め、海に近く社殿を改築し、百八間の廻廊や朱塗りの大鳥居を建てるなどをしたため、一層全国にその名を知られるようになった。平家滅亡後も、歴代の武家の棟梁によって信仰保護された。また瀬戸内海の交通が盛んになるとともに、この島の地形の妙と風景の美とが相俟って、「安芸の宮島」の名によって広く全国に知られるようになって、厳島神社に参詣する人々も多くなった。現在一年間の来島者は百万を数えている。

○厳島神社　佐伯郡宮島町

神衣献上式

元旦の早朝、御祭神五柱の衣服を新しく取り換える神事である。新衣五着は羽二重で、十二月二十六日から二十八日の三日間で縫いあげられ、二十九日に綿が入れられる。この作業に従事するのは、町内から選ばれた女性たちである。

元旦の午前〇時、先導する神官につづいて神衣が奉持され、そのあとに宮司以下がしたがう。まず廻廊を通って客人社、それから本社という順に、ほのかな明かりの中を、取り換える社を廻って順次神衣を換えていく。すべての神事が終わるのは、午前三時ごろということである。

清盛祭

平清盛の死後七七〇年目にあたる昭和二十七年に始められた。安芸守になって後、急に勢力を強くした平清盛は、厚く神社を尊び、社殿や廻廊などを新築したほか、自分自身も生涯に十数度も神社に参詣している。宮島町では、神社ならびに町の繁栄は清盛のお蔭によるところが多いということで、町を挙げて考えたのが、清盛をたたえるこの祭である。

清盛神社

三月二十日からはじまるこの「祭」のクライマックスは、最後の二十二日に行われる仮装行列である。午後一時ごろ、雅楽が流れる中を、町の少年少女たちの扮した平安武者や公達や白拍子などの列に引き続き、町長あるいは町議会議長の扮した清盛、それに従う大勢の一門の人々など、百数十名から成る行列が、宮島桟橋前の広場を出発して神社へ向かう。神社で一同は祓殿でお祓いを受けたあと、一キロほど離れた所にある清盛神社へ参り、参拝を済ませて解散する。平成四年度の清盛祭には、俳優の松方弘樹氏が壮年で甲冑姿の清盛に扮して、大評判になった。

桃花祭

四月十五・十六・十七日の三日間行われる。神前に桃の花を供える神事で、その起源は室町時代にあるといわれる。

祭事はともかく、その期間中に能舞台（国の重要文化財であったが、平成三年秋の台風で倒潰した。目下再興中である。）で高名の演者によって奉納される「猿楽の能」が有名である。初日は喜多流の「翁」ではじまる五番能、二日目は観世流の「翁」ではじまる五番能、三日目は各流合同の五番能であるが、「翁」が二度もあるのは全国の能会でも珍しいと言われる。三日間とも拝観者は満席で、廻廊も立錐の余地がない。

お島巡り

五月十五日に行われる神事で、船で島の浦々にまつられている胡子神社を巡拝することをいう。

先頭は御師《おし》といわれる神職の乗る船、それに続くのは参拝客の船である。まず宮島桟橋前から右廻りに杉之浦、包ケ浦、鷹之巣浦、腰細浦、青海苔浦、養父崎《やぶさき》浦の社を廻り、白浜神社、須屋浦神社、御床浦神社を経て、本社前へ還るもので、このうち養父崎浦で「お烏喰《とぐ》い式」が行われる。

お烏喰い式

「お島巡り」の一行が養父崎浦の沖にさしかかると、船をとどめ、御師が祝詞をあげ、海上に、団子を載せた粢《しとぎ》を浮かべる。船中で楽人たちが笛を高く吹く。それがひびき渡ると、森の中から二羽の烏が飛んで来て、団子をくわえて森の方へ飛んで行く。これを繰り返して、粢の団子を全部運び終わるのを「お烏喰い式」

という。

なお当日の船の参拝客の中に、生理中の女性や身内に不幸があって一年が経ってない人がいると、この鳥は飛んで来ないといわれている。

管絃祭

旧の六月十七日の夜行われる。御祭神の乗り移られた鳳輦を管絃船に移し、楽人の奏する管絃の調べとともに、対岸の地御前神社へ渡御される祭である。楽器が笛、笙、太鼓、琵琶などであるため、この名がある。

十七日午後五時ごろ、鳳輦は呉市阿賀の人々に守られて、大鳥居をくぐって沖の管絃船に運ばれる。管絃船は十五日ごろ、三隻の和船をつなぎ合わせ、その上に屋形を組み立てたもので、船首に宝剣、宝鉾、船尾に神鏡を現す幟を立て、数十の提燈で飾りたてる。

出船の儀式のあと、管絃船は三隻の漕ぎ船に曳かれて、地御前神社に向かう。この漕ぎ船は呉市阿賀と広島市江波《えば》の若者たちによって漕がれ、神社の神紋を付け、「御用船」と書いた提燈を掲げている。

地御前神社では三管、三鼓の雅楽の秘曲を奏したあと、御座船は還られるが、途中で長浜神社、大元神社に寄って神事が行われる。その後で大鳥居をくぐって満潮の本殿に着き、帰還の儀式がある。その間に、先導した漕ぎ船は木遣りに合わせて三回廻る。続いて管絃船も廻廊の近くまで進んで三回廻る。そのあとで鳳輦は船から下ろされ、本殿に鎮まって、この優雅で華麗な祭儀は終了する。

この管絃祭を拝そうとして、陸路を島に渡った人々は幾万人を数え、また海路を大漁旗を立てた漁船に乗って中四国から来た人々は、上陸して廻廊に溢れるのである。

玉取り祭

旧の七月十八日に近い日曜日に行われる。満潮の海に立つ大鳥居を背に、若者たちが玉を取り合う勇壮活発な祭である。天正年間（一五七三－九二）に、京都の仁和寺で行われた「延年の舞」を神社に移したのがその起源とされていて、昔は「延年祭」と呼ばれたという。

まず神社本殿と大鳥居との間の海上に、高さ十メートルほどの櫓が組まれ、そこから直径二〇センチほどの宝珠が吊りさげられる。合図によって、地元の若者二百人ほどが、一斉に喚声をあげて海に飛び込み、櫓の下に着いて肩車を組んでよじ登り、玉を取ろうとする。

肩車は組んでは崩れるので、その度に若者たちは海に落ちる。宝珠は綱で引かれてはげしく揺れ動くため、若者の手はますます届かない。

そのうちに一人が飛びついて、宝珠を落とす。今度は海中の奪い合いとなる。烈しい争いが続く。最後に宝珠を手にした若者が、神社の境内に設けられた注進所に届ける幸運を射止めると、約一万人の見物客から拍手があがって、この豪快な祭は終わる。

鎮火祭

十二月三十一日に行われる。午後六時、本殿で火難除けの祈祷を受けた斎火が、廻廊を通り、大鳥居内側に設けられた斎火場に運ばれる。この火から、町内の人々の作った大小の松明《たいまつ》に移される。人々は燃えさかる松明をかついで、掛声を掛けながら、廻廊入口までの道を往復するのである。

この松明の火は、家へ持ちかえり、神棚の燈明や元日の雑煮を炊く火などに使う。また消えた松明は、持ち帰ってわが家の門口に飾り、火災除けにする。

市杵島姫命

神代の昔、父神伊弉諾《いざなぎ》尊から「根の国へ行け」と命ぜられても、なかなかそのとおりにしなかった須佐之男《すさのお》命は、行くことを決意し、姉神天照大神《あまてらすおおみかみ》に暇乞いのために、天上の国にのぼる。命が勢い込んで行かれるため、天上の国が揺れ動く。天照大神は、弟神が国を奪いに来たものと判断し、武装して詰問される。須佐之男命は「暇乞いに来ただけだ」と答えるが、なかなか信じてもらえない。そこでどちらの言分が正しいか、占いとなる。

まず大神が、須佐之男命の持たれる剣を三段に折り、天の真名井《まない》の水にすすぎ、口に嚙みくだいて吹かれると、息の中から多紀理姫《たきりひめ》命、市杵島姫命、多岐都姫《たきつひめ》命という三柱の女神が現れた。次に須佐之男命が、姉神の勾玉をとって真名井の水ですすぎ、噛みくだいて吹かれると、息の中から天之忍穂耳命《あめのおしほみみ》、天之菩卑能命《あめのほひの》、天津日子根命《あまつひこね》、活津日子根命《いくつひこね》、熊野久須毘命《くまのくすひ》という五柱の男神が現れた。女神たちは須佐之男命の剣から生まれたので命の御子、男神たちは天照大神の玉から生まれたので大神の御子であるが、当時女神は男神より上位とされていたので、女神を生まれた命の主張が「勝」となった。このため興奮した命は天上国で乱暴を働き、大神は姿を隠されるという「天岩戸」事件となることは、誰しも承知する神話である。

この時生まれられた三柱の女神は、その後、天照大神の命によって九州の地におもむかれ、玄界灘の海域の守護神として宗像《むなかた》大社の御祭神となられたが、それからはるかなのち、推古天皇の元年（五九三）に、瀬戸内海の西部地方を支配していた佐伯氏の長である鞍職《くらもと》が、海の守護神として、宗像神社の御祭神の中の市杵島姫命を勧請して、安芸の宮島に建立したのが、厳島神社である。

なお市杵島姫命は、室町時代になって「七福神」が成立した際、その中の弁財天と同一神と見なされた事がある。

○地御前神社　廿日市市

地　御　前　神　社

厳島神社の対岸にある摂社である。創建は古く推古天皇五年（五九七）と伝える。はじめは「外宮社」といわれていたが、のち地方にあることから「地の御前社」と呼ばれていたらしく、今川了俊《いまがわりょうしゅん》が書いた旅の記録「道ゆきぶり」の応安四年（一三七二）九月二十一日の条に「地の御前といふ社」と出ている。本社厳島神社の管絃祭の時の御旅所である。当社では六月五日に厳島神社から神職ら十数人を招いて、「御陵衣祭《ごりょうえ》」が行われる。

御陵衣祭

神事のあとの祭行事として、「後の舞」と「流鏑馬《やぶさめ》神事」とが知られている。

「後の舞」は舞楽で、たいてい「還城楽《げんじょうらく》」か「越天楽《えてんらく》」が舞われる。

「流鏑馬神事」は、狩衣をつけた騎手が馬に乗り、客殿の前で天地四方の六方に矢を放って、厄除けとする。次にその場で馬が三回廻されたあと、参道を三度往復し、その間に、客殿の大歳神社の前の的に矢を放つ。この神事は勇壮な行事として迎えられ、昔は「明神さんの馬とばし」といって、地元で親しまれていた。のち馬が手に入らなくなった上、参道がアスファルトに舗装されたため、昭和四十二年に廃止されたが、地元の要望が強いため、再び昭和五十七年に復活された。

流鏑馬

ヤブサメと読む。馬を走らせて鏑矢で板の的を射ることである。平安時代宮中で、端午の節会に行われた行事であったが、鎌倉時代になって武士に受けつがれて、その重要な儀式となった。水干に皮のむかばき、綾イ笠をかぶるのが正装とされた。馬場は二〇〇メートルほどの直線コースで、そこを走らせながら的を射る。的は約五〇センチ角の板に紙を貼り、青竹にはさみ、コースに添うて約九〇メートル間隔で、三本立てられる。現在は、神社のたいせつな神事として残っているが、特に由緒の古い神社か、武神である八幡神社で、これを行なう所が多い。

厳島信仰が強くなるにつれて、備後にも安芸にも、各地に御祭神を勧請して厳島神社を設けることが多くなった。現在に神社を残す町村は庄原市山内町、比婆郡西城町、双三郡君田村、三次市十日市町、福山市大門町、同市駅家町、御調郡久井町、因島市重井町、高田郡千代田町、豊田郡木江町、安芸郡下蒲刈町、賀茂郡河内町その他があるが、たいていその土地の領主や特志家によって勧請されている。特に旧毛利領であった現在の高田郡には、西浦、小山、長屋、長田、佐々井の、いわゆる「厳島五社」が残されているが、これらは毛利元就やその子輝元や重臣長屋氏によって、勧請されたものである。

○厳島神社　豊田郡木江町

御祭神は宗像三女神という。所伝によれば女神たちは、はじめはこの島の神峯山に降られたが、ここには多くの雉が居て、蛇を食べる。その様を嫌に思われて、女神たちは他の島すなわち西の方の宮島の弥山に移られたとして、この神社は厳島神社より古いと伝えている。

この神社の夏祭は旧の六月十七日で、「十七夜祭」といい、櫂伝馬競漕や花火大会などがある。

櫂伝馬競漕

神社前の港で行われる。参加する船は四隻で、船の長さは九メートル、幅一・一メートル、櫂は十四本。漕ぎ手は十六名で、その内二名は交代者である。赤や白の揃いの鉢巻に襦袢姿で、午前九時ごろから午後五時ごろまで、六レース行われて、多数の参拝客を集める。

○厳島神社　安芸郡下蒲刈町

森之奥厳島神社と申しあげ、三ノ瀬にある。御祭神は宮島の厳島神社と同じく市杵島姫命である。広い境内も海に建つ鳥居も宮島とよく似ている。当社では十月十二日直前の日曜日に秋祭があるが、全島挙げてのお祭になっている上、

近年はさまざまな催しが付け加えられたので、人出も多く、一日中賑わう。その催しの中で目立つのは「棒の舞」と「神幸」である。

棒　の　舞（安藤好広氏提供）

棒の舞

五匹の鬼が地区内を歩き廻り、手に持ったカシの棒で子供を追い廻したり、太鼓の上に乗って、その棒を振って舞ったりする。鬼に打たれたり、棒の舞を見たりすると、健康でいられるという言い伝えがあるので、子供も、赤ん坊を抱く母親も、わざと鬼を探して歩く奇妙な行事である。

神幸

長い行列である。獅子を先頭に、俵、神輿、太鼓、巫女、奴、鉄砲など、さまざまのものが、二キロの道を八時間もかけて歩くが、町内各地区が思い思いのものを出し、特定の場所で競演形式で披露するからである。

○柏島神社　豊田郡安浦町

神社は安浦町三津口の一キロ沖に浮かぶ柏島にある。御祭神は大山祇尊《おおやまずみ》である。治承四年（一一八〇）高倉上皇が厳島神社に参詣された際、大三島の大山祇神社から勧請されたと伝えられている。旧五月十二日の次の日曜日に例祭があるが、その日の最大の行事が「管絃祭」で、厳島神社のそれと酷似している。

管絃祭

所伝によれば明治初年に厳島神社の管絃祭を模して制定されたという。当日午後三時ごろ御神体が神輿に移られ、若者たちに担がれて境内を何回か練り歩いたあと、海岸に出て御座船に乗り移られる。御座船は旗や幟や幕で飾られていて、神官、楽人、巫女、氏子代表などが乗っている。この御座船を中に左右に一隻ずつの供奉船が並ぶと、尾道市吉和町と地元安浦町の若者たちの乗り込んだ曳船が四隻で、それを曳く。これらの船の横や後に各地の関係者を載せた供船が、何十隻と続く。楽人の奏する笛や太鼓の調べが海上を流れる中を、船団は柏島の周囲四キロの海を一周して帰路につく。御座船が神社に還御されると、供奉船、供船は続々と船列をはなれて、それぞれの港に帰っていく。まことに壮大な規模である。

○厳島神社　因島市重井町

社伝によれば、永禄十二年（一五六九）の再建といわれるから、創建はやはり中世まで溯ることができる。旧六月十六日、十七日が例祭日であったが、現在は七月のその日に近い金曜日、土曜日に当てていて、その土曜日に「明神祭」という祭行事がある。この名は、本社を「明神さん」と呼ぶことから出ている。

明神祭

重さ四百キロの神輿が、褌一つの若者たちに担がれて町内を練り歩いたあと、東港に出て海にはいる。「神輿洗い」である。それが終わると御座船に乗せられ、海岸で焚くかがり火に送られて沖に出る。御座船は提燈をつけたお先船にみちびかれて、一キロ離れた西港に着く。ここでまた「神輿洗い」があって、そのあと元の神社に還られる。神輿と若者と夜の海とかがり火との勇壮で豪快な祭である。

吉備津神社

キビツジンジャと申しあげる。備後の一の宮で、主祭神は吉備津彦命《きびつひこ》である。命は四道将軍の一人としてこの地にくだられ、大いに治績をあげられたのち、二百余歳の長寿を保たれて、この地で亡くなったが、のち吉備の中山の西のふもとに社殿を建て、その御祭神となられた。これが現在の岡山市の吉備津神社である。

その当時の吉備の国は広大な国であったが、のち備前、備中、備後の三か国に分けられた。そのため吉備の中山のふもとに建てられた上記岡山市の吉備津神社は、「備中」の一の宮となられたので、備前と備後では、その吉備津神社を勧請して、それぞれ「備前」の国に吉備津彦神社、「備後」の国に吉備津神社を創建して、その国の「一の宮」と仰いだ。

○吉備津神社　芦品郡新市町

当社は、平安時代の昔から、広大な神域に数多い社殿とおびただしい数の神職を持つ神社として知られ、地元の人々は「一宮さん」と呼んで、親しんできている。当社で行われる主な祭事祭礼は次のとおりである。

一　節分祭（うそばなし）　二月三日

二　八講祭　旧三月十日

吉 備 津 神 社

三　深夜特殊祭祀　七月十六日
四　相撲奉納神事　旧八月十七日
五　流鏑馬　旧九月九日
六　秋季大祭　旧十月十七日－十一月三日

節分祭

毎年二月三日の節分の夜に行われる変わった行事で、別名を「ホラ吹き祭」という。当夜午後七時ころ、境内で大焚き火がたかれ、その周囲をぐるりと囲んだ参拝客の間で行われる会話であるが、その会話の内容がとてつもないホラ話である。

当夜集まった人々は、まず本殿でお祓いを受け、お神酒をいただく。こうして身心を清めた上で、境内の大焚き火を囲み、それぞれ考えてきたホラ話をはじめる。話し相手は誰でもよい。また相手も適当に相槌を打つ。ホラ話の内容は奇想天外なものほど受けるし、相槌もそれに負けない内容が喝采を博する。世相を説いたもの、政見発表のようなもの、経済政策のようなものからスポーツ問題にいたるまで、あたかも担当大臣か解説者かニュースキャスターかになったつもりの意見も出て、焚き火を囲んだ人の群のあちこちで爆笑が起こる。

この奇祭がいつごろ、どうして始まったか、明らかでないが、一説によれば、延喜年間（九〇一－九二二）節分の夜、神社に集まった人々が、過ぎた一年間の出来事を話し合い、新しい年への希望を述べ合ったのが、この祭の初めといわれる。そしてその話の間に、世間話や世相批判のほうが歓迎されて、この奇祭になったのではないかと説く人もいる。

○吉備津彦神社　尾道市東土堂町

県内には次のように吉備津神社が勧請されているが、特に備後地方に多い。

神石郡　油木町（二社）　神石町（二社）
比婆郡　東城町（二社）　西城町
庄原市　宮内町　高町
甲奴郡　甲奴町

芦品郡　新市町
尾道市　東土堂町
これらのうち、尾道市の吉備津彦神社には「べっちゃぁ祭」と呼ばれる祭がある。

べっちゃぁ祭

尾道市の吉備津彦神社は「一宮さん」と呼ばれて、市民から親しまれているが、十一月三日に行われるこの「一宮さん」の例祭を「べっちゃぁ」という。

べっちゃあ祭り（尾道市商工観光課提供）

神輿の巡幸が主体であるが、その先導をするのが「べっちゃぁ」と獅子舞である。「べっちゃぁ」は、神話や謡曲や狂言に出てくる異形な顔、たとえば猿田彦や武悪、鍾馗、べた、そばなどと呼ばれている者の顔の面をつけた若者が、急調子の太鼓やドラに合わせて、「べっちゃぁ、べっちゃぁ」と囃す子供たちを追い廻し、鬼棒を持つ鬼はそれで突いたり打ったりし、ササラを持つ鍾馗はそれで叩いたり突いたりする。子供たちは「きゃぁ、きゃぁ」「わぁ、わぁ」と悲鳴をあげたり叫んだりして、逃げまどう。中には泣き叫ぶ幼な児もいる。棒やササラで打たれたり突かれたりすると、「一年中病気にならない」と言い伝えられているので、親は子供たちが打たれることを歓迎するが、子供たちは怖くて逃げようとする。

その喧騒の中を、獅子舞は大口をあけて、母親に抱かれた幼児を噛んだりおどしたりする。

この奇祭の由来は明らかでないが、社伝によれば文化四年（一八〇七）に悪疫が流行したので、この神社に尾道の奉行が病魔退散を祈願した際、「神輿を先頭に、異様な形相の者たちが行列した」様を目のあたりにした事に由来しているという。

吉備津彦命

吉備津彦命はまた大吉備津彦命とも五十狭芹彦命《いそさせりひこ》とも申しあげる。孝霊天皇の皇子で、崇神天皇の十年、四道将軍の一人に選ばれて吉備路に向かわせられ、幾度か、皇威に従わぬ者を鎮めて手柄を立てられた。当時吉備の中山に温羅《うら》と称する者がいて、頑強に抵抗したので、命はこれを討ち、特に細谷川をはさんで激闘をつづけ、ついにこれを退治されたと伝えられている。後世この時の御活躍を仕組んだ神楽が作られ、「吉備津」という名で演じられるが、現在備中神楽の能舞の中で、最も重要な演目の一つになっている。

なお「古事記」によれば、さらに命は皇極天皇の六十年に出雲におもむいて、出雲振根をお討ちになったとある。桃太郎説話の主人公ともいわれる。

吉備津神社の御祭神である。

釜鳴りの神事

吉備の中山に棲んでいた温羅は、皇威に従わなかったため、四道将軍の一人として吉備路にくだって来た吉備津彦命と戦い、激闘の末、ついに討たれるが、その怨念は死後もつづく。命は温羅の首を備前の首村にさらしたが、何年経ってもその首は大声を発し、唸りつづけて止まない。そこで命は、どくろと化した首を吉備津の社の御釜殿の釜の下八尺の所に埋めたが、それでもその後十三年間唸り声が続いて、近郷に鳴りひびいた。そしてある夜、命の夢に温羅の霊が現れて、「わが妻阿曽媛に釜殿の釜で、神饌を炊かせよ。もし世の中に善事があるなら、釜は静かに鳴り、悪災があるなら、荒々しく鳴るぞ」と告げた。これが吉備津神社に有名な「釜鳴りの神事」の起源であるといわれる。

江戸時代になって、上田秋成はその著書である「雨月物語」の中で、釜鳴りの予兆をとり入れた「吉備津の釜」という傑作を書いている。

第二節　勧請社と祭礼

愛宕神社

アタゴジンジャとお呼びする。御祭神は埴山姫命《はにやまひめ》、稚産日命《わかむすび》、伊弉諾尊《いざなぎ》、豊受姫命《とようけひめ》、天熊人命《あめくまうし》である。総本社は京都の町の西北にそびえる愛宕山にある。この神社は天応元年（七八一）和気清麻呂《わけのきよまろ》が光仁天皇の勅命を受けて創建し、京都の町を護る神社としたもので、特に奥宮と若宮とには火の神の火産霊神《ほむすび》をおまつりして「防火の神」としており「火伏せのお守り」を出している。

京都の愛宕神社を勧請したものは、主として京都から東の国々に多く、西国には少ない。広島県内では、広島市の北部の可部町にある高松山（標高三三九メートル）の頂上にある高松神社が、数少ない勧請社の一つである。

○高松神社　広島市安佐北区

昔可部の町に大火があって、町の大半が焼けたので、地元の人々が火災除けの神様である愛宕神社を勧請して建てた神社である。この神社に「大文字まつり」という行事があって、五月の最後の土曜日と日曜日の夜行われる。神社のある高松山に大きく「大」の文字を描くものである。

大文字まつり

京都では七月の盂蘭盆の送り火として、東の如意岳から西の愛宕山までの北山に、「大」をはじめ「左大」「妙」「法」「鳥居」「船形」などの火文字が出るが、それを真似たものである。ただし京都の「大」の文字は、字の形なりに、一定の間隔で並べた薪に火を付けるのに対し、高松山の「大」文字は、立木から立木に張った綱に、二・五メートル間隔で二〇ワットの電球を七十五個吊り下げて点燈するもので、京都の大文字が横七五メートル、縦が一六〇メートルあるのに対し、高松山のは四五メートル、八〇メートルと小さい。

しかし関西には珍らしい行事であるから、当夜、人々は大文字の見える場所に集まって見物する。

稲荷神社

稲荷神社イナリジンジャの数は、八幡神社とともに、全国の神社の中で最も多いが、その総本社は京都市の伏見にある稲荷大社である。主祭神は宇迦之御魂《うかのみたま》神と申しあげ、広大無辺の御神徳をもって、人間のとる食物一切をつかさどる神様である。

この神様には異なったお名前が多く、また同じお名前でも書き表わす文字が異なることがある。「古事記」「日本書紀」によれば、次のようになっている。

食稲魂神（ウカノミタマノカミ）
大宜都比売神（オオゲツヒメノカミ）
大食津姫神（オオゲツヒメノカミ）
御饌津神（ミケツノカミ）
保食神（ウケモチノカミ）
豊宇気毘売神（トヨウケヒメノカミ）

国内には多くの稲荷神社があるが、みな京都伏見の稲荷大社を勧請したものである。広島県内では次の神社が有名で、それぞれ独特の祭り行事がある。

○稲生神社　竹原市福田町

稲生神社イナリジンジャの例祭日は、十月の第一の土曜日、日曜日である。第一日は竹原市の大乗《おおのり》に鎮座される大乗神社の御神体を稲生神社にお迎えする行事があり、第二日は稲生神社の本祭で、その時の主な行事が獅子舞である。

獅子舞

ここの獅子舞は、よそと違って、終始動かない。当日神前に親子といわれる二匹の獅子と、四基の太鼓が置かれ、四人の打ち手がその傍に立つ。打ち手は小学校の五年生であるが、それには縁起がある。

江戸時代の中ごろ、この地に疫病がはやって子供たちが大勢死んだ。そこで病魔退散の企てがいろいろと考えられたが、効めがない。そこで念のため、太鼓の打ち手を子供に代えたところ、その難を逃れることができたという。それ以後、太鼓の打ち手は、当時の子供の年齢に合わせて、小学校の五年生から選んでいるというのである。

少年たちは、白い鉢巻に青いタスキ、青い袴に手甲、脚絆、ワラジ穿きという凛々しい姿で、頭に牡丹の花を付けた笠をかぶる。これは「牡丹に唐獅子」の意味である。

二匹の獅子を中心に、左側に太鼓、鉦、手拍子の一人ずつの打ち手、右側に笛の三人が付く。曲がはじまると、少年たちは太鼓を打ちつつ、バチを廻したり、跳んだり、からだをひねったりして、踊の所作を入れる。そのバチさばきは三十二通りもあるという。獅子はじっとして動かない。ただ時々曲に合わせて頭を振ったり、耳を動かしたり、時には打ち手の花笠の中をのぞき込んだりする。

この獅子舞には、福田地区の人々はほとんど全部が見物に来る。中でも当歳の赤ん坊を抱いた若い母親の姿が目立つが、これはその赤ん坊がその日から正式の氏子になるからである。

この獅子舞は、昭和五十六年四月十七日に広島県の無形民俗文化財に指定された。

○稲荷神社　世羅郡世羅西町

世羅西町上津田に鎮座される。例祭日は十月八日と九日の両日であるが、まず八日の午後七時ごろ地区十か所の集落から、総代や関係者が神社に集まり、祝詞、修祓、献榊などの行事がある。これを「よごろ」という。この行事で、御神霊は各集落へお遷りになる。午後十時半ごろ、各地区から燈明の移動がはじまる。これが下記の「神殿入《こうどな》り」である。次は「献燈式」で、各地区から大燈明を神社に献納し、これによって御神霊が再び神社に還られたことになる。次は「神楽」で、午後十一時ごろから午前三時ころまで、「神降し」と「悪魔祓い」と「能舞」一つとが奉納される。次は「夜の御幸」で、午前三時ごろ、御神霊をうつした神輿が一基、氏子に担がれてお旅所に巡幸される。お旅所は稲荷神社の裏山にあたる高崎山にある。最後は「遷宮」で、お旅所にとどまっていた神輿は、午後○時ごろ、氏子に担がれて再び本殿にお戻りになって、神事は終了する。

神殿入り

祭礼当日の十月八日の夜行われる神事で、御神燈を捧げて「神殿に入る」ことから「神殿入り」と書き、「コウドナリ」という。当日午後七時ごろ「よごろ」が済んだ人々が神社に集まってくる。広い境内には夜店が何軒も屋台を張って、客を呼んでいる。午後十時が過ぎるころ、各地区を出発した大燈明が、太鼓や笛の音に乗って、神社の鳥居の下に集まってくる。大燈明は、小さな燈明

神　殿　入　り（広島県教育委員会提供）

（提燈）を一本の竿竹につけたもので、小さな燈明で文字や形を作る。「七燈《しちとう》」は竿竹の尖端に一つ、その下の横木に二つ、さらにその下の横木に四つ、計七つの燈明（提燈）をつけたもの、「舟後光《ふなごこう》」は竿竹の尖端から下へ、舟形に燈明をつけたもの、「五重塔」は燈明を五重塔の形につけたものである。そのほか「奉」「日本」「文化」「平和」「民主」などの文字に仕立てたものもある。

小燈明は三〇センチ四方ぐらいの板の四隅に竹ヒゴを立て、それに紙を貼り、板の中心にロウソクを立てたもの、大燈明の中心になる竿竹は、長さ約五メートル、それに適当に間隔を置いて横木を打ちつける。相当に重い。こうして集まった各地の大燈明は、鳥居の下で順番を定めて本殿へ進み、次の行事の「献燈式」となる。

ともあれ当夜は、空も山も漆黒の闇の中に静まり返っているさなか、はるかに太鼓と笛の音が聞こえ、それが次第に近くなったと思う途端、闇の中に忽然と光の一団が現われ、近づくにつれて、それが「舟形」であったり、「奉」の字であったりする。これらが各地区から送り出された大燈明である。奇観といおうか、壮観といおうか、ともあれ見事な火の行事である。

この行事は昭和四十八年十二月十八日、広島県の無形民俗文化財に指定された。

なお「神殿入り」は上津田の稲荷神社だけでなく、昔は下津田の八幡宮でも行われたほか、世羅台地の各村でも氏神様を中心に行われた。双三郡吉舎町では毎年十月十二日に辻八幡神社へ奉納される。もともと「神殿入り」は、氏神様にその歳の豊作を感謝して行われるものであるから、氏神様が稲荷神社でも八幡神社でも、その氏子たちには同じように、心から尊崇する神様として、感謝の対象にしているのである。

○稲荷神社　広島市中区

三川町の法華宗の寺院円隆寺の境内にある。この稲荷社を、広島市の人々は「とうかさん」と言って親しんでいる。「とうか」は「稲荷」の音読《おんよ》みである。所伝によれば、この稲荷社は正徳六年（一七一六）四月、寺内に勧請されたものといわれ、旧暦五月五日を祭日とし、毎年厄払いの行事が行われていたが、旧暦の五月五日は新暦の六月初旬に当たるため、大正の初めころから、その当日を「衣更《ころもが》え」の日に当てて夏衣の着初めの日とした。参詣人の多くが、この日から浴衣を着る風習が生まれた。さらに昭和三十年（一九五五）ごろ、「稲荷《とうか》」

は「十日《とおか》」に通じるとして、寺と商店街と相談して、祭礼日を六月八、九、十日に改めた。

とうかさん

祭礼日の三日間は、毎夜七時ごろから乗物禁止の歩行者天国となった街には、金魚すくいや焼きイカなど夏の露店が並び、参道は浴衣がけの人々でごった返す。その間に、一足早い盆踊の一団が踊を奉納するなど、「とうかさん」は広島の人々に親しまれた祭である。

とうかさん

なお同じ中区の大手町にある峯本稲荷神社の夏祭が八月二十六日、二十七日に行われ、午後五時から十一時まで、歩行者天国となった参道は浴衣姿の参詣人で賑わうが、この夏祭は浴衣着納めを意味し、広島の人々はこの日限りで衣更えをするのである。

稲生・稲荷

神社の名前を漢字に当てると「稲生」と書くこともあり「稲荷」と書くこともある。どちらも「イナリ」と読む。

「稲生」と書くのは「古事記」上巻に「保食神《うけもち》腹中に稲生《いねな》れり」とあることから、保食神をまつって「稲生《いねな》り」の神としたためといわれる。

「稲荷」と書くのは「二十二社本縁」の次の話から出ている。

平安時代のはじめころ、桧尾僧都実恵が東寺の南大門の近くで、稲を荷なった不思議な老人に会ったので、師の弘法大師に知らせた。大師が出て尋ねたところ、その老人は、わたしは保食神《うけもち》である。伝教大師に頼まれて、比叡山に延暦寺を建てさせたものじゃと言ったので、弘法大師は私にも頼みますと言って、東寺の守り神になっていただいた。そしてこの老人を稲荷大明神と申しあげて、篤く敬った。

つまり「稲を荷」なった神というわけである。この縁故であろうか、稲荷大社の御神像は、稲を荷なった老翁のお姿であるという。

なお「稲生」と書いて「イナリ」と読むのは、「イネナリ」の約《つづ》まったものである。また「稲荷」と書いて「イナリ」と読むことについて、江戸時代の伊《い》勢貞丈《せていじょう》は、その著書の「安斎随筆《あんさいずいひつ》」の中で、「元は文字どおりイネニと言っていたのが、発音の変化によってイネはイナに、ニはリになったもの」と書いている。

初午

稲荷神社の祭礼日は一年にたくさんあるが、特に二月に「初午」というものが定められていて、その日には特に参拝人で賑わう。

「初午」は「最初の午の日」ということである。「午」はわが国では「ウマ」と呼ばれているが、この話のできた古代中国では「ゴ」といわれ、十二支の中の一つである。古代中国では「数」を言い表わす語にはいろいろあって。十に刻んだ場合には「一、二、三、四、五、六、七、八、九、十」があり、また「甲、乙、丙、丁、戊、巳、庚、辛、壬、癸」もあった。また十二の場合は「子、丑、寅、卯、辰、巳、午、未、申、酉、戌、亥」というものを考えた。十の場合の「甲乙……」は十干といい、「子丑……」は十二支といった。

これらはわが国にはいって、十干は二つずつまとめられて木（き）火（ひ）土（つ）金（か）水（み）の性質があるといわれ、その二つずつも兄（え）弟（と）に分けられた。つまり「甲」は「きのえ」「乙」は「きのと」「丙」は「ひのえ」「丁」は「ひのと」以下「つちのえ」「つちのと」「かのえ」「かのと」「みずのえ」「みずのと」と呼ばれた。また十二支はそれぞれ「ね・うし・とら・う・たつ・み・うま・ひつじ・さる・とり・いぬ・ゐ」と動物の名がつけられ、その動物の性質をあらわすものとされた。そして十干と十二支を合わせた甲子、乙丑、丙寅、丁卯等は「年」「月」「日」を、十二支は「日」「時」を表わすのに用いられた。したがって初午というのは「ある月のはじめの午」に当たる日の事である。

稲荷神社の祭礼日の一つに「初午」が設定されているのは、神社の御祭神宇迦之御魂神が、京都伏見のイナリ山（稲荷山）に出現されたのが、和銅四年の二月の最初の午の日であったといわれ、そのため特にその日を例祭日としたということである。

胡子神社

エビスジンジャという。御祭神については、いろいろな説があるが、主なものに、蛭子《ひるこ》尊とする説と事代主命《ことしろぬし》とする説とがある。しかしどちらにしても、この二柱の神は海に縁があるということから、神社は海辺に建てられることが多く、はじめは漁業の神とされていたが、室町時代ころから「胡子・大黒」といって、大黒様と併称されるようになって、商売繁昌の神様となった。

胡子神社の祭礼は、江戸時代になって、上方《かみがた》では正月十日、その他では十月二十日に行われるようになった。たとえば西宮の西宮神社や大阪今宮の今宮神社の祭礼は、特に「十日胡子」と呼ばれて名高く、当日は福を求めて参詣する人が雲集する。

広島県内の胡子神社はそれほど多くない。比婆郡西城町の胡子社では正月七日に商家の繁栄を願う祈祷祭、十月七日には相撲会が開かれる。豊田郡御手洗《みたらい》町の胡子社は、文政二年（一八一九）の「国郡志下調書出帳」にも載せられていて、ここの港に寄泊する大名衆の信仰を集めていたことがわかる。また高田郡向原《むかいはら》町の胡子社は戦国時代から信仰せられ、江戸時代には当地方の里程の基点とされていたらしい。

胡子神社の祭礼日にはさまざまな行事がある。その中の主なものを挙げる。

○高御調神社　御調郡御調町

廿日胡子

当地の胡子神社はタカミツギジンジャといい、寛延二年（一七九四）に目代屋弥藤次という人が、出雲国の美保関神社の御祭神事代主命《ことしろぬし》（胡子様）を勧請して建てたといわれる。毎年八月十九日と二十日の両日に胡子講が開かれ、夕刻からさまざまな催しがある。県指定の「みあがりおどり」をはじめ、手踊、御輿などが次々と現れ、はては特別招待の三原の「やっさ踊」までも繰り出して、南北二キロほどの商店街は夜更けまで賑わう。

○胡神社　世羅郡甲山町

廿日胡

甲山町の胡神社は、元禄時代（一八九〇ごろ）の創建といわれる。毎年八月十九日、二十日が例祭日で、いろいろな催しがあるが、中でも人気のあるのは「だんじり」と「仁輪加《にわか》」である。

「だんじり」は長さ二・七メートル、幅二・一メートル、高さ三・三メートルで、黒や朱の漆で塗りあげ、上の屋台は提燈や幕で飾り、三味線、太鼓が「だんじり囃子」を囃すなかを、法被に豆しぼりの手拭鉢巻の子供たち四、五十人によって引綱で引かれて、町中を練り歩く。こういう「だんじり」が三台も出る。

「仁輪加」は、動いていた「だんじり」が止まり、引綱で路上に丸い輪が作られると、これが舞台となって、その中で始まる。「仁輪加」の内容は、昔の「俄」現代の「漫才」のようなもので、現代物、時代物などさまざまであるが、すべて青年たちの自作自演で、これに対して見物人から笑い声や拍手が盛んに起こる。

○胡子神社　広島市中区

この神社は、昔毛利氏が栄えていたころは、その本拠地であった高田郡吉田《よしだ》町に胡堂という名の祠《ほこら》に過ぎなかったが、慶長年間（一五九六―一六一四）福島正則が広島藩主となった時、現在の安佐南区古市に移され、のちさらにこの地に移されて胡子神社となったもので、広島の人々には「えべっさん」の名で親しまれている。

なお現在、神社の御祭神で「えべっさん」と仰がれている木像は、「芸藩通志」では、毛利氏の始祖である大江広元の像とあるが、それは間違いで、服装その他の点から、胡子尊か事代主命かといわれている。

胡子神社

えべっさん

もとは旧暦の十月二十日が例祭日であったが、現在は、十一月十八日から二十日を含む数日間行われる。その間、毎日神職による祝詞奏上、大祓、祈祷と続くうちに、参拝人は引きもきらず集まる。神社付近の商店は「誓文払い」の大売出しを行ない、三百近い露店は、青竹で作った熊手に大判、小判、大福帳、打出小槌、宝船などを結びつけた「こまざらえ」や、金儲けに縁のある「叶」の文字をつけた商品を並べて、客を呼ぶ。社殿の前の路上には五石入りの大樽を据えて賽銭箱の代用にしているのも、「えべっさん」の名物である。

七福神

江戸時代から七福神という語が現れる。福を与えてくださる七柱の福神という事である。具体的にいうと、胡子《えびす》（恵比須）、大黒《だいこく》、弁財天《べんざいてん》、毘沙門天《びしゃもんてん》、布袋《ほてい》、福禄寿《ふくろくじゅ》、寿老人《じゅろうじん》である。しかし実体は十分明らかでない。

蛭子（日本）

御本体は蛭子尊《ひるこ》であるという説と事代主命《ことしろぬし》であるという説が有力である。蛭子尊は、伊弉諾尊《いざなぎ》と伊弉册尊《いざなみ》との間に生まれ給うた一番目の御子であるが、三才になっても足が立たない。そこで尊を船に乗せて風のまにまに海に放たれたという。この尊が、海の神である夷神《えびす》と混同されたとする説である。夷神は一部の地方では、漁民が海神として崇拝して海辺にまつり、海上交通や漁業を守ってくださる別の神であったのを、権威づけるために、蛭子尊と同一の神としたのであろうといわれている。また事代主命は大国主神の長子で、常に出雲国の三穂崎（現在の美保関）で釣りを楽しんでおられたという神話に基づいて、鯛を抱えた福の神として信じられるようになった。

どちらにしても福の神となられた蛭子は、風折り烏帽子に狩衣、指貫をつけ、釣竿で鯛を釣り上げている姿をされている。

大黒（インド―仏教―日本）

仏教では大黒天という。元は、インドの戦いの神であって、「マハーカーラ」といったのを、「カーラ」は「黒」の意味であるから、漢訳して「大黒」といった。仏教にとり入れられて、仏法の敵の荼枳尼《だきに》を破る神となった。インドではまた「食事を司る神」で、この神をまつると食物に困らないとされた。この後者の考え方が、最澄によってわが国に持ち込まれ、延暦寺にまつられてから、寺の台所の神となった。その時の姿は、インドや中国の武神とは打って変わって、柔和な相をし、米袋をかついでおられる。

その後、大国主神とは、名前がダイコクと共通していること、同じように袋を背負っていることなどから、同一神と見られ、日本の神となった。特に室町時代以後、「蛭子・大黒」と二柱の神を併称するようになってから、大国主神と事代主命の親子をなぞらえ当てる考えが強くなった。

そのお姿も、まったく日本風になって、狩衣を着、丸い括り頭巾をかぶり、左肩に大きな袋を背負い、右手に打出《うちでの》小槌《こづち》を持って米俵の上に立たれている。小槌も米俵も元食物の神と考えられた名残りであろう。

弁財天（インド―仏教―日本）

正しくは弁才天。はじめはインドの神でサラスバティという河の女神であったが、のちパーチェという言語の女神といっしょにされて、「弁才」の名のように文芸・音楽の神となられた。その時のお姿は上半身は裸で、二本の腕に琵琶を抱えている。わが国にはいった弁才天は、別の仏教の女神である吉祥天と混同されて、衆生に福徳を与える美しい女神とされ、字も「弁財天」と書かれるようになった。

なおわが国にはいった弁財天は、市杵島姫命《いちきしまひめ》の化身とする考え方もある。市杵島姫命は「記紀」に見られる宗像《むなかた》三女神の二番目の女神で、のち安芸の宮島の厳島神社の御祭神となられた。現在、厳島神社の傍らに、弁財天をまつった弁天堂が建立されているのは、この故であろう。

毘沙門天（インド－仏教）

元はバイスラバーナという名のインドの神であったが、仏教にとり入れられ、多聞《たもん》天の名によって、持国《じこく》天、増長《ぞうちょう》天、広目《こうもく》天とともに帝釈《たいしゃく》天の下で、多くの夜叉《やしゃ》や羅刹《らせつ》を従えて、聖地須弥山《しゅみせん》の東西南北のうち、北を守っている仏神となった。多聞天の名は、釈迦の傍に居ることが多く、師説を「多く聞いた」ところから出たという。

毘沙門天は、その役目柄、怒りの形相を呈し、甲冑を身につけ、片手に戟《ほこ》を持っているため、わが国にはいっても、はじめは武神として信仰された。たとえば上杉謙信は毘沙門天を守り本尊とし、その最初の文字の「毘」の文字を旗印とした。また楠木正成は、両親が信貴《しき》山の毘沙門天に祈願して生まれた子であったから、幼名を多聞丸といった。

かような毘沙門天が、どうして福神の仲間入りをしたかについては、毘沙門天王経に「この天を信ずれば財宝富貴自在」とあるところからだといわれている。

布袋（中国）

中国の後梁（九世紀―十世紀）に実在した僧である。大きな腹が特徴で、杖を持ち、大きな袋を荷なって、大勢の子供に取り巻かれて町中を歩き、占いや予言をしていたといわれる。町で寄捨を受けると、それを袋の中に入れ、それを貧しい人に恵んでいた。そのように与えても与えても尽きない袋を持つ人として、七福神の中に加えられたのであろう。なおその膨れた腹は「布袋腹」という語になって使われている。

福禄寿（中国）

中国の道教の出身である。宋の嘉祐《かゆう》年中の人で、天南星の化身とも南極星の化身ともいわれている。背が低く、長頭で、長いひげを垂れ、杖に経巻を結びつけ、鶴を連れていたので、そのような姿で描かれている。

幸福の福、封禄の禄、長寿の寿の、めでたい文字を集め持った福の神である。

寿老人（中国）

中国の宋の元祐《げんゆう》年中の人で、寿星の化身といわれる福の神である。三尺ばかりのからだに長い頭と白いひげがあるのが特徴で、玄鹿という千五百歳も生きている鹿を連れている。

一説によれば、先ず福神として胡子から福禄寿までの六神が選ばれたが、六神では数としてよくないので、もう一神として、寿老人が加えられたともいわれている。

七福神はその発祥を見ると、日本は胡子の一、インドは大黒天、弁財天、毘沙門天の三、中国は布袋、福禄寿、寿老人の三となる。こうしてみると、わが国では、福を授けてくださるなら、どこの国の神でも、またどんな宗籍の神でも、こだわりなく信心してきたということができる。そこに日本人のおおらかな性格が見られるし、そういう点に、異国の神も感応されるのであろう。こうして江戸時代には「七福神詣」が各地に行われ、七福神を描いた宝船が初夢を見る絵となった。手篤い七福神信仰はわが国では今後も盛んであろうと思われる。

神明社

シンメイシャという。御祭神は天照大神であるという。中世以後、伊勢の皇太神宮の神領地などゆかりのある土地で、皇太神宮の御神霊を勧請して、神明社を創建した所が多かった。それらの中では、東京の芝の神明社や大阪の天満の神明社が有名である。

広島県内では、神明社は備後地方に多いが、これは江戸時代に三原城主小早川氏の時に、神明信仰がその領内に広まったためといわれる。

神明社の例祭は正月に行われるのが普通であるが、その行事は必ずしも一定していない。「神明祭」を行なう所もあり、また「神明市」と称する市を開く所もあり、また「とんど」を行なう所もある。

○神明社　御調郡久井町

神明祭

旧の一月十四日に近い土曜日に行われる。ただし当町に神明社が無いため、稲生《いなり》神社の境内を借りて行なう。当日は地元の青年たちが裸になって「地押し」をする。陰と陽との二本の御福木が投ぜられ、それを奪い取ろうとする勇壮な争いが見ものである。

○神明社　三原市全市

神明市

三原市の神明市協賛会が、二月の第二日曜日を含む三日間開く。三原市は昔から神明信仰の厚い所で、神明社は一時は九社もあったが、現在は数も減り、神事よりも商売に力を入れている。館町、東町の商店はもとよりのこと、露店も数百の屋台が並んで、食べ物、飲み物、おもちゃ、雑貨、農産物、海産物などはいうに及ばず、農機具から花木にいたるまで並べられて、景気よく客を呼ぶ。

○神明社　豊田郡大崎町

とんど

大崎町大西では一月十五日に、原田川沿いの塩田跡で行われる。まず一月七日から一週間かけて「神明さん」造りがある。竹、松、杉、シダ、ワラを使った、高さ一五メートル、棚が三段もある神明さんである。主に大人が働くが、子供も手伝う。上段の棚には「太神宮」と書いた紙を貼る。当日の夕刻、神事のあとで神明さんにロープが掛けられ、「神明さんじゃ、とんどや」の掛声とともに倒されると、火がつけられる。子供たちの喚声の中で、火中に投げ込まれた書初が空高く燃えあがり、餅が竹の先にかざされて焼かれる。書初は高くあがるほど腕前があがるといわれ、餅は食べると病難を免れるといわれる。

とんど（中国放送提供）

とんど

「とんど」の正しい名は「左義長《さぎちょう》」（また三毬杖《さぎちょう》とも書いた）である。元は宮中で正月十五日に、清涼殿《せいりょうでん》の南庭で、青竹を立て、扇などを結びつけたものに古書を添えて焼いた行事であった。

これが民間に移って、一月十五日の神明社の行事となった。長い竹数本を芯として門松や七五三《しめ》縄や書初などを持ち寄って焼く行事であった。その火で餅を焼いて食べると、病気にかからないといわれる。なおその時「とんどや、さぎっちょう」とはやしたので、「とんど」という名がついた。

広島県内では「とんど」は各地で行われている。たとえば沼隈郡沼隈町の能登原では、一月十五日に近い日曜日に行われるが、まず上、下、立河内、鞆路、白浜、桜の各地区から、「とんど」が能登原小学校に集まり、グラウンドを練り歩く。壮観である。これらの「とんど」は、正月三ケ日が明けると造り始められ、十日間ほどかけてでき上がる。高さ八メートル、櫓状に組み、ワラを張り、上部は弓矢をかたどってある。グラウンドの行事が済むと、「とんど」は各地区に還り、火が掛けられ、燃え上がると、書初がほうり込まれ餅が焼かれる。

また下蒲刈島三ノ瀬では、一月十五日に、でき上がった「とんど」を子供たちが担いで町内を廻ったあと、丸谷桟橋の広場で焼く。賀茂郡黒瀬町では、地区の年長者が点火し、燃えるにしたがって、大人も子供も大声で「とんどや、ほうじょう」と叫ぶ。

住吉神社

住吉は平安時代以後はスミヨシと呼ばれるが、それ以前は住江スミノエと言った。住吉は大阪南部の海浜地区にあった港の名で、昔は朝鮮方面などの交通が盛んであった。住江はその古い名である。

大阪の住吉にある住吉神社は「全国に二千社はある」といわれる住吉神社の総本社で、御祭神は、住吉三神と呼ばれる上筒之男命《かみつつのおのみこと》、中筒之男命《なかつつのおのみこと》、底筒之男命《そこつつのおのみこと》である。当社は由来も古く、行事も多い。

広島県内にも住吉神社は数多く勧請されていて、多くは海浜か水際の地に建てられている。たとえば尾道市浦崎町の住吉神社は海に面しており、豊田郡瀬戸田町の住吉神社は御手洗の波止にあり、豊田郡安芸津町の住吉神社も三津の海辺にある。また東広島市高屋の住吉神社は内陸地にあるが、それでも造賀川のほぼ中流の西岸に鎮座されている。

したがって住吉神社の神事は、下記のように、ほとんどが水上の行事であるが、尾道市土堂町の住吉神社が六月二十八日の夜、尾道水道に向けて花火大会を開き、広島市矢野町の住吉神社が六月晦日に茅の輪くぐりを行なっているのは、珍しい事である。

○住吉神社　広島市中区

広島市中区住吉町の住吉神社は、本川沿いの東岸に鎮座される。所伝によれば享保十七年（一七三二）真言宗の僧の木食快円という人が、当時の芸州藩の御船奉行に申し出て、翌十八年にこの地に住吉三神を勧請したものであるという。

この土地は、一帯に藩の船蔵や関係の侍の屋敷や水主《かこ》たちの住宅が多かったため、ここを選んだといわれる。この神社の夏祭が有名である。

夏祭

神社の例祭は、旧の六月十四日、十五日の二日間で、いろいろな行事があるが、中でも初日に本川《ほんかわ》で行われる御座船の巡幸は勇壮で、「すみよしさん」の愛称で呼ばれ、「とうかさん」「えべっさん」と共に、広島市内の三大祭となっている。

当日、御神体を遷した御座船は元安《もとやす》川の明治橋のそばを出発し、約一キロ上流の空鞘《そらざや》神社前まで漕ぎのぼり、そこでUターンして平和記念公園の西側の本川をくだって、住吉神社へ還御される。特に空鞘神社前までさかのぼるのは、

住吉さん

昔住吉神社が空鞘神社の摂社であった関係からきている。

この御座船を引くことを漕伝馬《こぎてんま》といい、それを漕ぐのは氏子の中の元気のよい青年たち十四人である。漕伝馬には、そのほかに「おもて」と呼ばれる水先案内、音頭取り、太鼓打ちに笛吹き、采《ざい》振りなどが乗り込む。中でも采振りは十六才の男の兒がつとめるが、舳に据えた大樽にあがり、色鮮やかな長襦絆姿で、五色の御幣を振って調子をとるのである。

夏祭の間は、神社を圍んで約二百軒の夜店が並び、夕涼みがてらの参拝客で賑わう。二日間で二十万人の人出があるといわれている。

○住吉神社　豊田郡東野町

東野町に鎮座される住吉神社は、所伝によれば、文政十年（一八二七）に大阪の住吉神社の御祭神を勧請して、当時海辺であった所を埋めたてて創建したという。神社の例祭は旧の六月二十九日（現在七月十三日）で、当日は御座船の巡幸と櫂伝馬《かいてんま》の競漕が行われる。

櫂伝馬

競漕に用いられる船は、全長一二メートル、幅一・二メートルという細長い木造船で、漕ぎ手は十四人が二人ずつ並んで坐る。そのほかは、船尾で楫《かじ》をとる大櫂一人、太鼓打ち一人、その他二人の計十八人、こういう櫂伝馬が八地区から一隻ずつ出る。

競漕は、神社で神事が行われたあと、午前八時半ごろから午後七時ごろまで、町の前面の海上で前後八回行われる。コースは一キロ少しと割に短かいが、若者たちの懸命の力漕が続くので、ヨイサ、ヨイサーの掛声が一日中響く。

夜は御神体をお遷しした御座船と御供船とを櫂伝馬が先導して、海岸を一周する。その間、花火が打ちあげられて夜空をいろどる。

住吉三神

住吉神社の御祭神は上筒之男命《かみつつのおのみこと》・中筒之男命《なかつつのおのみこと》・底筒之男命《そこつつのおのみこと》の三柱の神である。この三柱の神は「古事記」(上巻)によれば、伊弉諾尊《いざなぎのみこと》が亡くなった后《きさき》の伊弉冊尊《いざなみのみこと》を訪ねて行かれた黄泉《よみ》の国から、逃がれて帰られて「私は何といやな汚らしい国へ行ったことだろう。この穢れを清めるため、からだを洗って禊《みそぎ》をしよう」と仰せられ、筑紫《つくし》の日向《ひゅうが》の橘の小門《おど》の阿波岐《あはき》原で、川の中にはいり、まず水の底で身を清められた時に生まれた神が底筒之男命、次に水の中で身を清められた時に生まれた神が中筒之男命、水の表面で身を清められた時に生まれた神が上筒之男命であるという。

この三柱の神は、のち神功皇后が外征された折、その和魂《にぎみたま》は皇后の御寿命を守り、その荒魂《あらみたま》は御船をひっぱり進めるという冥加があったので、荒魂は山口県下関の住吉神社にまつられ、和魂は大阪市の住吉神社にまつられたと伝えられていて、ともに航海や水上の守護神と仰がれるようになった。

天満宮

テンマングウはまた天満神社テンマンジンジャともいう。御祭神は菅原道真《すがはらのみちざね》である。

広島県内には天満宮（天満神社）が多い。いずれも京都市の北野にある天満宮を勧請したものである。主なものを挙げる。

天満宮

神石郡油木町　比婆郡西城町

双三郡作木村　御調郡御調町

福山市駅家町　三原市沼田東町

天満神社

高田郡高宮町　双三郡三良坂町

双三郡吉舎町　深安郡神辺町

豊田郡本郷町

なお戦前まで、広島市にも中区中島町に天満宮があったが、戦争中に原爆で焼失した。この天満宮はもと高田郡吉田町にあった。菅原道真が左遷されて太宰府におもむく途中、高田郡吉田の天神山で休息されたという因縁で、はじめは吉田町に建てられていたのを、広島が開かれた時、同じように吉田にあった胡子社とともに移ったといわれている。

○伊賀和志天満宮　双三郡作木村

イカワシテンマングウと呼ぶ。江《ごう》ノ川《かわ》の北岸の山の麓に鎮座されている。伊賀和志は字《あざな》である。所伝によれば、昔、亀石山の枇《び》杷《わ》槙《まき》に光るものがあるのを見た土地の人が、石見《いわみ》の国の神職に占わせたところ、「氏神としておいでになった天神様である」といったので、これをまつったという。

八　ツ　花（広島県教育委員会提供）

鈴合わせ

この天満宮の祭礼日は十月八日であるが、その宵宮の七日に奉納される神楽があって、それを「鈴合わせ」（「やよし」ともいう）という。八つの異なった舞から成っていて、四人の舞い手が剣や鈴などを持って舞う。

この舞は、石見神楽《いわみかぐら》のうちの阿須那《あすな》派の正統を伝えて、しかも古雅で優美である。地元では、平安時代の末ごろ、壇《だん》ノ浦《うら》の戦いに敗れた平家の一群が江ノ川によってこの地方に逃げ込んだが、都の生活を偲んで舞っていた舞の手が、この「鈴合わせ」の舞の手に残されているという。昭和三十五年三月十二日、広島県の無形民俗芸能に指定された。

○天満宮　廿日市市天神町

廿日市市の天神町に鎮座される。市内を見おろす小高い天神山の上にあって、天満宮、新八幡宮、新宮との三社相殿になっている。文政三年（一八二〇）の「国郡志下調書出帳」によれば、天福元年（一二三三）に厳島神社の神主である藤原親実《ちかざね》が、その氏神である鎌倉の荏柄《えがら》天神を勧請したものという。相殿三社のうち新八幡宮は、その藤原親実の霊をまつったものといわれ、また新宮は、廿日市市の下平良《しもへら》の新宮神社を勧請したもので、廿日市の人々はもとこの新宮

天満宮

神社を氏神としていたが、天神山に移築したのちは、氏神もここに移したといっている。

この天満宮の祭礼を氏神祭という。

氏神祭

昔は十月十一日、十二日が例祭日であったが、現在は十月の第二土曜日と翌日の日曜日とが例祭日となって、氏神祭が行われる。当日神事の後で、三基の神輿が出るほか、揉み太鼓、シャギリがひびき渡って、町は人出で賑わう。

天神様

天神様菅原道真は、平安時代中ごろの人で、文章道の家に生まれたせいであろうか、小さい時から秀才ぶりを発揮し、貞観四年（八六二）十八歳で文章生となり、やがて、対策にも及第して官途についたが、その業績は目を見張るばかり。のち宇多天皇の知遇を得て、寛平九年（八九七）には権大納言、右近衛大将となり、次の醍醐天皇の昌泰二年（八九九）には右大臣となった。

しかしこの異常と思われるほどの出世は、時の主流である藤原家と合わず、特に左大臣藤原時平に忌まれ、その讒言《ざんげん》によって太宰府の権帥《ごんのそつ》に落とされた。道真は任地では門を閉じて出ず、延喜三年（九〇三）三月二十五日、五十九歳で亡くなった。

その後、京都ではたびたび落雷などの異変が起きたのを、道真の祟りとして恐れられ、延長元年（九二三）朝廷は道真を元どおりの本官に戻し「火雷天神」の号を与えられ、さらに正暦四年（九九三）に左大臣正一位を追贈された。また村上天皇の天暦元年（九四七）に、京都の北野に社殿を建てて道真をまつり、永延元年（九八七）より「北野天満宮大神」と唱えることになった。

道真の学識教養を考えて、現在では天神様は学問の神様として崇められて、受験生は合格祈願をし、また書道の神様として学童たちは書初を奉納している。

石見神楽

作木村伊賀和志の神楽は、石見《いわみ》神楽の系統を引く神楽である。広島県内で舞われる神楽は、系統別に見ると、出雲《いずも》からはいった出雲神楽、石見からはいった石見神楽、備中《びっちゅう》からはいった備中神楽が主流となっているが、中でも石見神楽は、邑智《おうち》神楽の名によって、江戸時代から三つのルートを通って、盛んに安芸《あき》国（広島県の西部）にはいった。一つは阿須那《あすな》から双三郡、高田郡南部へはいり、も一つは出羽《いずは》から高田郡北部の生田《いけだ》、横田《よこた》、本郷へはいり、三つめは矢上《やがみ》から山県郡の新庄《しんじょう》、大朝《おおあさ》へはいり、その先は佐伯《さいき》郡へ延びた。

石見神楽は江戸時代から連綿と続いたが、明治十年代に、浜田の国学者で石見国神道事務分局長であった藤井宗雄や神職の牛尾弘篤らが、「古事記」や「日本書紀」などを参照して、それまで行われていた石見神楽のすべての演目について、その「調子」「内容」「詞章」の三つの点に大改定を加えた。「調子」

では緩やかな「六調子」を早めの「八調子」にした。「内容」は単純であったものを複雑にし、登場者をふやした。「詞章」は難解な古語の部分をできるだけ判りやすい言葉に改めた。それで旧来の神楽を「旧舞」といい、改定された神楽を「新舞」という。

現在広島県内の石見神楽は、旧舞を残しているものは極めて少なく、大部分は新舞に変わっている。

八幡神社

八幡神社とも八幡宮ともいう。八幡はヤハタといったが、現在は音《おん》読みしてハチマンという。主祭神は応神天皇であるが、天皇の母后の神功《じんぐう》皇后やその他の神を合祀することもある。

全国の神社の数は約十一万といわれているが、その中でも八幡神社は、稲荷神社と並んで、その数が多く、一つの市町村に必ず複数の八幡神社が鎮座されている。それらの中で、比較的規模の大きい例祭神事がきまって行われている神社の主なものを挙げる。

○御調八幡宮　三原市八幡町

ミツキハチマングウと申しあげる。応神天皇、神功皇后、宗像三女神、武内宿祢等十数柱の神をまつる。天応元年（七八一）に宇佐八幡宮から勧請されたと伝えられているが、当地は石清水《いわしみず》八幡宮領の御調庄であるため、同八幡宮の別宮であったともいわれる。毛利氏以後、三原城主から藩を挙げて尊信を受け、一時は社人八十人を持つ大神社であったらしい。

当社の春の例祭は、毎年四月の第二日曜日で、この日「花おどり」が奉納される。

花おどり

御調八幡宮の氏子は地元をはじめ、久井町の坂井原、御調町の福井、津蟹、植野の地区にわたっているので、この地区が輪番で、同じ内容の「花おどり」を奉納する。

このおどりに出る人は道切り、獅子舞、御徒歩《かち》、槍、長刀、弓、鷹匠、餌差し、踊り子、鉦、太鼓、前踊り、芭蕉負い等約百名にのぼる。鉦、太鼓は頭にシャグマをつけ、派手な祭衣裳の上にタスキを掛ける。前踊りは羽織、袴で陣笠を冠り、桜の花の枝を手にする。芭蕉負いは車型の飾り付けの上に大きな枝垂れ桜を載せて背負う。中心になる踊り子は数十名で、桃色と薄緑色の横縞の着物に、頭に花笠をかぶる。

この大行列が境内に着くと、獅子舞が「庭入り」を舞い、次いで踊となる。中心に芭蕉負い、それを囲んだ踊り子が大きな輪を作り、「御船踊」「さかい踊」「牛若踊」「虎松踊」「ざんざい踊」等十数曲をおどり、最後に「獅子舞」となって終わる。

このおどりは、文政二年（一八一九）の「御調郡八幡之庄、八幡宮記、氏子十ケ村辻書畄」などによって見ると、元はこの地方の雨乞踊であったと思われる。おどりの中心に芭蕉が立てられるのは「神降し」の意味があり、最後におどる「ざんざい踊」は「神送り」の内容を持っている。しかし幕末ころから、その本質はだんだん忘れられていって、境内にある名木枝垂れ桜にちなみ、桜の花を捧げて進む行列がつけ加えられて、名前も「花おどり」と改められ、どの部分にも桜の花や枝がはいってきた。

御調八幡宮の花おどり（広島県教育委員会提供）

しかし全体として見ると、まだ雨乞踊の古い型を残している上に、五つの集落を含む全地域の踊となっている点が評価されて、昭和四十年一月二十九日、広島県の無形民俗文化財に指定された。

○亀鶴山八幡神社　神石郡油木町

亀鶴山は神社の鎮まる山の名である。神社の御祭神は応神天皇、仲哀天皇、神功皇后である。社伝によれば、延喜二年（九〇二）に宇佐八幡宮を勧請して建てられたという。

神社では毎年十月十日、十一日を例祭日と定めているが、その第一日に神儀が行われる。

神儀

ジンギという。総勢百数十名から成る行列である。油木町を甲乙二つの地区に分け、地区が毎年交代して神社へ奉納する。四名の大頭取が引率し三名の師匠役が付き添い、大幣一名、獅子舞四名、羽熊一名、猿田彦一名を先頭に、神儀打ち三十二名が大太鼓を、鉦二十数名が大鉦を打って、「馬場掛り」「宮巡り」「曲舞」「神還し」「神楽《しんがく》」などの曲を奏しつつ、本殿と御旅所とを往復するのである。

曲は大体十秒に十二拍ないし十四拍で、比較的緩やかにひびくのは、楽器がどれも大きく重たいからで、たとえば大太鼓は八貫ほどあり、鉦は二人で担いでいる。その大太鼓打ちは、友禅の下着に押絵模様のある布製の鎧をつけ、腰に大口を下げ、黒の脚絆にワラジ穿き、頭には尾長鶏の羽で作ったシャグマに五色の紙の手繰りを垂らし、紙飾りをつけたバチを両手に持ち、一つの太鼓を四人掛がりで打つ。太鼓は、法被に鉢巻、黒い脚絆、ワラジ穿きの男が背負う。鉦は同様の姿の二人に担がれ、別の打ち手が叩きひびかせる。

御旅所へ着いて神事が行われたあと、全体を総動員して、音楽と踊が始まるが、大太鼓を打ちながら神儀打ちが舞いおどる様は、勇壮で華麗である。

この神儀は、町を挙げての祭であり、先祖代々引き継がれてきた行事であるから、人々の関心は高く、他地方に出ている人々も、当日に帰郷して祭に加わる。この祭はいわば町の人々の心に生き続いている行事として、昭和三十五年三月十二日広島県の無形民俗文化財に指定された。

○鶴岡八幡神社　神石郡豊松村

御祭神は神功皇后をはじめ四十柱の神である。社伝によれば、二子山《ふたご》に息長日子王《おきながひこ》をまつっていたものに、順次、王の子孫を合わせまつったといい、平安時代後期に、米見山《よなみ》にあった鶴岡八幡宮を移し合祀したものと伝える。元永二年（一一一九）以来、当神社は豊松庄、日野庄、日谷庄、篠尾庄、只原庄、油木庄、花済庄、川手庄の八ケ庄の総氏神となり、各庄の社家が共同して注連幣下《しめした》を作り、その上に注連頭《しめがしら》を置いたが、寛正年中（一四六〇―六六）に争いがあって分離し、豊松庄だけの氏神となって現在に及んでいる。

当神社の例祭は十月五日で、次の神事が行われる。

神事

神事は渡り拍子、宮座、御湯立神事、流鏑馬の四つから成っている。

「渡り拍子」は上豊松と下豊松から出る行列である。大頭取四名、宰寄領四名、幣持二名、白熊突二名、獅子頭二個、大胴打四十名、鉦打六十名から成る。このうち大胴打は頭に尾長鶏の尾で作ったシャグマを冠り、タクリという五色の布をうしろに垂らし、大口をつけ、紙で作った鎧を着る。大胴は直径二尺もあり、これを四名の大胴打がおどりながら打つ。鉦も大きい。

この行列は上記二つの地区から別々に出て、神社の入口で出会い、下豊松組から上豊松組に挨拶をし、答礼がある。獅子舞が行われたあと、行列は神社の本殿へ進み、「宮廻り」「庭入り」「こっとい」「神下り」などが奏される。

「宮座」は祭礼後に行われる神職や氏子たちの祝宴である。着席する順序や位置は、神社との関係の深い浅いによって定められていて、厳重に守られている。大体、南座は巫女座ともいい、宮司をはじめ神職の坐る座、東座は祭礼責任者の座、西座は輿座、駕座といって、氏子たちの座である。このきまりは昔から定まっていて、宴の順序とともに現在も厳重に守られている。

「御湯立神事」は、宮座が行われている際に、別の場所ではじまる行事である。境内の適当な場所に祭場をきめ、斎竹を立て、注連縄を張り、忌火によって湯を沸かすもので、降神、大祓、神歌のあとで、湯の中へ笹束を入れて打ち振って、湯玉を四方へ飛ばす行事である。

「流鏑馬」は四角い板を竹に挟んだ的に、二人の騎手が馬を走らせながら弓を射るもので、一人三本の矢の当たり工合で占いをする。ただし現在は、この行事は行われない事が多く、代わりに神馬二頭を使って競馬をする事が多い。

豊松村の神事は、どの行事も大体古形を保っているほかに、集落を挙げての行事であることが認められて、昭和四十一年五月十三日、広島県の無形民俗文化財に指定された。

○早立八幡神社　世羅郡世羅西町

早立はハヤタテと読む。所伝によれば、明応三年（一四九四）神社創建にあたり「早《はや》く宮を建《た》てて我を勧請せよ」という神託があったので、社名にしたという。例祭日は十月二日で神儀が行われる。

神儀

集落挙げての行事で、組織の長い行列である。その華やかな行列の中に棒、長刀、槍などがあって、それらは町を進むうちに、所々で止まり、お互いに打ち合う。これは御祭神が武神であるから、いわば武技を競うことによって、一層神威を高めることになると考えられたものであろう。

なおこの神儀は、昔は世羅郡西部の各神社で行われていたと伝えられているが、現在は世羅西町吉原の瀬賀八幡神社と、世羅西町黒川の当社だけとなっている。

やぶさめ神事の馬清め（広島県教育委員会提供）

○八幡神社　福山市本郷町

当社の例祭日は八月十五日であるが、その前日の夜、神社に「ひんよう踊」が奉納される。

ひんよう踊

この踊は、元は「花踊」といって、豊作感謝の踊であったが、三原市の「やっさおどり」が、囃しことばの「ヤッサ、ヤッサ」から名となったように、この踊も囃しことばが「ヒンヨーサー、ヒンヨーサー」と繰返して唱えるところから、この名となったのであろう。

「ひんよう踊」は次のような構成である。

鬼（一名、扇子を持つ）・小太鼓（白衣に紅タスキ、一組四名の数組）・手打鉦（陣笠をかぶる。数名）・男踊り子（白い長袖、袴、鉢巻、脚絆、一メートルほどの梵天、一組四名の十数組）・女踊り子（桃色の着物に青い鉢巻、紅タスキ、若干名）・音頭取り（男踊り子と同様の姿、梵天なし）

当日の夜、当屋宅から行列を組み、楽

ひんよう踊り（広島県教育委員会提供）

器に合わせて神社まで行進する。歌はなくて囃しことばの「ヒンヨーサー」を繰返す。神社に着くと、男踊り子と小太鼓を囲んで女踊り子が並び、その外側に鬼、鉦、音頭取りが立って、踊がはじまる。男踊り子は梵天を上下に振ったり、頭上で廻したりする。女踊り子は火をともした燈篭を廻したり捧げたりする。踊そのものは単純で、向きをかえたり、向き合ったり、一、二歩動いたりするだけである。

「ひんよう踊」の起源は明らかでないが、江戸時代には「花踊」の名で、沼隈郡各村で盛んにおどられたようである。文化六年（一八〇九）に菅茶山《かんちゃざん》らの編んだ「福山志料」に「神村・新庄、赤坂、早戸、津ノ郷諸村ニアリ」とあり、文化十五年（一八一八）に菅茶山が幕府に上申した「御問状答」にも「此日の祭に沼隈郡津之郷、神村杯六、七村花踊と申事御座候」と記している。その上「御問状答」には、花踊の動作や衣裳や持物などを記しているが、それらは現在の「ひんよう踊」のそれらと全く同じである。その点を考えて、昭和五十一年六月二十九日広島県の無形民俗文化財に指定された。

○領家八幡宮　世羅郡甲山町

宇津戸に鎮座される。ここに奉納されるのを「神儀おどり」という。

神儀おどり

このおどりを地元では「夏の神儀」といって、「夏の」と付けているが、それはこのおどりが田植の済んだ七月から八月にかけての頃に行われるからである。宇津戸の三つの集落である箱中原、矢熊長尾、市下狩屋宮側が毎年交代しておどるもので、長い行列を組んで八幡宮へ行進する。その行列は獅子舞を先頭に目付槍、槍、羽熊、鳥毛、鉄砲、刀箱、弓、挟箱、徒士、鷹匠、餌差、ホラ貝、太鼓、鉦、笛と続き、最後が踊り子となる。

おどりは「船ぶし」「お庭踊」「竜王踊」等十三種目もあって、歌詞もうたい方もそれぞれ異なっているが、おどりの型は大体同じである。

このおどりは現在は領家八幡宮の境内で行われているが、もとは竜王社でおどられたというから、恐らく雨乞踊であったと思われる。所伝によれば享保年間（一七一六－三五）に、この地方に大きな旱《ひでり》があったので、村民が竜王社へ参って雨乞いをしたところ、霊験があって大雨となり、枯れかかっていた稲は見事に立ち直って、その年は豊作となったので、村民はこのおどりを奉納してお礼に代えたが、そのおどりがこれであるという。

なおこのおどりによく似たものに、三原市御調八幡宮の「花おどり」があるが、それも同じ雨乞踊から出たものといわれている。

○高御調八幡神社　御調郡御調町

タカミツギハチマンジンジャとおよびする。旧七月十七日（新の八月十四、十五日）が例祭日で、「みあがりおどり」が奉納される。

みあがりおどり

この「おどり」は豊作が予測された年に奉納される。あらかじめ各集落の代表が集まって、「おどり」があるかないか論議されるが、もし「奉納しない」と決まると、人々は竹に「奉寄進」と書いた紙を結びつけ、節《ふし》と節との間に酒を詰めた「すりかけ樽」というのをぶら下げて、神社に詣って「おどり」に代える。

奉納することに決まると、各集落では太鼓、鉦、衣服などを用意する。太鼓は直径一メートルほどで、左半身に吊る。鉦は直径八〇センチの大鉦で、丸太に吊って二人で担ぐ。踊り子も囃し方も唄い手も、すべて陣笠をかぶり、籠手《こて》をつけ、陣羽織を着て、脚絆、ワラジ穿きで刀を差す。ただしこれらは最近考案されたもので、古くは浴衣の着流しを尻ばしよりして、手甲、脚絆で菅笠をかぶった農民の日常の仕事着であったことが、古い記録や写真で証明されている。

「おどり」は各集落毎に鬼、獅子舞、鉦、太鼓（踊り子）を定め、「道引」で神社に向かい、鳥居口で合体する。それから二百余の石段をあがって、神社の境内にはいる。この事から、この「みあがりおどり」は「宮あがりおどり」であったろうと言われている。

行列は本殿を左から三回廻ってからおどりはじめるが、演目は「よいころべい」「しかんがん」「どんどんかあ」など十三あるが、この演目の名は、楽器の

みあがりおどり（広島県教育委員会提供）

音色からつけたと思われるものが多い。

十三曲の「おどり」は、おどり子が円陣をつくり、囃しによって足を高くあげたり、地面を強く踏みしめたりするだけであるが、その中で珍しいのは、六曲目の「天竺」の時に演じられる「なぞ踊」である。

本殿の正面に日の丸の扇子を持った唄い手が一人現れ、下手に控えた鉦方に向かって、「こども参れ、ことしも参れ」とうたい掛けると、鉦方は「これの庭に」と応じる。「こちの庭にこぼれし塩は」とうたえば「福の入れ塩」と答える。こうして九項まで唱和して終わるが、「なぞ踊」といっても「踊」は全く無い。

この「みあがりおどり」は中世の終わりごろ、農村に残っていた田楽《でんがく》を中心として、その後念仏踊や雨乞い踊や虫送りの行事などがとり入れられたと思われるが、雨乞いが叶って雨に恵まれた時には、その中に「宿入り《しゅくいり》」といって、武士の行列を真似た「俄芸」というものを付け加える。それも古くからある風習であったらしく、天保十三年（一八四二）の御調郡木梨山方村から提出した

「書出帳」によれば「雨乞いは氏神の竜王社にお願いするが、それが聞き届けられて雨が降れば、『願解き』に『宿入り』といって、武士の行列を作り、鉦太鼓に合わせて、踊りながら八幡神社に参った」旨を書き記している。

この「おどり」は、農民に密着して長く行われてきた行事で、御調川沿いの村々にあった昔の姿をそのまま、現在に残しているものとして、昭和四十一年五月十三日広島県の無形民俗文化財に指定された。

○亀山神社　呉市清水町

呉市の総氏神として尊崇されている。社伝によれば、白鳳八年（六九七）に九州姫島から御祭神を呉市栃原町の地に勧請し、大宝三年（七〇三）に入船山に移して長くこの地においでになったのを、明治二十四年（一八九一）に現在の地にお移りねがったということである。同社の例祭は十月九日、十日に行われるが、この時の祭式を「八幡さん」と言って、呉市民から親しまれている。

八幡さん

九日が宵宮、十日が本祭である。九日には神事があって神楽が奉納される。十日は神事のあと、俵御輿や樽御輿が参道から本殿へはいろうとして、ヤブという鬼に阻まれて、はいる、はいらせまいと争うことが一つの見ものである。やがて御輿が勝って参道を下り、町へ出て中心街で御輿廻しを行ない、御旅所で祭事があって、本殿に還られる。

○亀山八幡神社　山県郡芸北町

芸北町宮地にある。所伝によれば天喜元年（一〇五三）岡田七郎右衛門という人が西八幡原で一つの神鏡を得たので、亀山に神社を建てたのが起源といわれる。御祭神は応神天皇である。毎年九月二十九日（乙九日《おとくにち》）が例祭日で、その祭式を「乙九日祭」という。

乙九日祭

当日午後二時ごろ、越天楽《えてんらく》が奏される中を、本殿で神迎えの儀が行われ、御神幸となる。まず御神霊を神輿に移す式があって、それをお守りする行列を作り、御旅所までを往復する。それが御神幸で、「祭」のいわば本命である。

行列は猿田彦を先頭に獅子、幟、太鼓、笛、弓矢、吹流しに続いて御神輿、そのあとは一般の参列者である。まず本殿を出て、「奉寄進」と書いた高さ数メートルの幟が林立する参道を歩み、約百二十メートル離れた御旅所に着く。ここで献酒献饌して五穀豊饒を祈り、悪魔祓いを願って獅子舞を奉納する。その後再び行列をととのえて本殿へ還御される。

当日神社の境内は、露店が並び、参拝客による棒押し、相撲、のど自慢などさまざまな催しがあって、数多い燈篭に火がはいり、神楽が奉納される深夜まで賑わうのである。

○大力谷八幡神社　双三郡三和町

神社の縁起は明らかでないが、所伝では相当古い時代に創建されたといわれる。昔は九月二十六日が例祭日であったが、現在は九月十五日の「敬老の日」とその前夜となり、その祭事は「板木の八幡さん」の名で親しまれている。

板木の八幡さん

祭事は前夜祭と本祭とがある。

前夜祭は上板木、大力谷、出羽庭の旧三ケ村が交代して、当屋を勤める。午後八時の煙火《のろし》を合図に「神殿入り《こうどな》」がはじまる。三地区から提灯を使って宝船や五重塔などを作り、暗闇の道を歩いて神社へ来る。境内では舞台が作られて芝居が行われる。自作自演の仁侠物が多く、千人におよぶ見物から盛んな拍手がおこる。

本祭は十五日の午後一時半ごろの御神幸である。獅子頭を先頭に、巫女、神輿と続く行列が、神社を出て、一キロほど離れた平和神社に向かい、ここで祭事が行われ、そのあと本殿にお還りになる。

○八幡山八幡宮　安芸郡坂町

秋まつり

当八幡宮の秋まつりは、十月の第二日曜日に行われる。神事のあとの催し物や演《だ》し物の多いことで知られている。たとえば曳き船、山車、ちょうさい、獅子舞、神楽、御座船などである。

○瀬賀八幡神社　賀茂郡豊栄町

吉原神儀

秋祭である。神社で神事が行われたあと、獅子舞を先頭に長い行列が出る。境内では柔剣道の試合などが行われ、賑やかである。

○能登原八幡宮　沼隈郡沼隈町

御弓

一月三日に行われる。神事に次いで、神職が的初めを試みたあと、先弓と後弓との二つの組が、十二間はなれた的に向かって、交互に矢を射る。的中した数によって勝敗をきそうものであるが、特に最後の矢が的の真中に当たれば、万事「吉」とされる。

○辻八幡神社　双三郡吉舎町

所伝によれば天長八年（八三一）に九州から宇佐八幡宮を勧請したものという。吉舎町の氏神様で、毎年十月十二日の例祭日には「神殿入《こうどなり》」が奉納される。

神殿入り

当日の午後十時ころ、合図の花火が空高く打ち揚げられると、各地区から一斉に光の列が動き出す。光の列は、点火した幾つもの提燈を竹竿に結びつけたものである。その列はゆっくりと神社に向かって動いてくる。真暗な参道や路傍の田圃や、かすかな音を立てて流れる小川のそばには提燈を並べて作った大鳥居や五重塔や宝船が、闇の中に浮かんでいる。

やがて町を貫いて神社に通じている四百メートルの参道には、各地区から集まってきた光の列が合流して、見事な光の川ができる。それが徐々に動いて神社に着くと、宮司がお祓いして迎えてくれる。これが吉舎町の「神殿入り」である。

所伝によれば、天明年間（一七八〇ころ）に旧三谿郡《みたにぐん》（現在の三次市東南部、双三郡三良坂町、吉舎町）一帯で飢饉があった時、困り果てた郡内の三十八か村の農民が、氏神の辻八幡神社に救いを求めた結果、その後豊作が続いた。心から感謝した農民が考えたのが、この「神殿入り」であるという。したがって「神殿入り」と同様のものが世羅郡、双三郡の神社に奉納されているが、御祭神が八幡様でもお稲荷様でも、その土地の人には、氏神様として崇敬されているのである。

○八幡神社　安芸郡江田島町

大名行列

当社の御祭神は応神天皇のほか鷹宮大神、厳島明神、熊野権現を合わせまつる。秋祭は旧八月十五日（現在は九月下旬）であるが、この日は全島挙げてのお祭り騒ぎとなる。その本命が大名行列である。

所伝によれば、八幡神社には享保十二年（一七二七）と安永四年（一七七五）の二度にわたって、広島藩主浅野侯が参拝に来島したと伝えられていて、大名行列はその時の様を復原したという。この行列は延々数百メートルに及ぶもので、費用や人数の関係上、島内各地区の持ち廻りで行われていたが、現在は小用と宮之原の二地区が交互に受け持っている。

○榊山神社　安芸郡熊野町

サカキヤマジンジャは熊野町中溝に鎮座される。御祭神は応神天皇その他二神をまつる。いつのころか宇佐八幡宮を勧請したもので、かつては本宮《ほんぐう》八幡宮といった。

当社の祭礼行事として有名なのは、夏に奉納される盆踊であった。その起源は古く、弘治二年（一五五六）に、当地で多くの牛が死に、田におびただしく害虫が発生したため、その供養としておどりはじめたと伝えている。

しかし現在は、当地特産の筆に関する「筆祭」が行われていて、盆踊より有名になっている。

筆祭

昭和十年ごろ作られた祭である。はじめは熊野筆を作りはじめたという井上治平、音丸常太の二人の筆師に感謝する行事であったが、次第に筆そのものに対する感謝祭になってきた。

筆祭は毎年秋の彼岸の日に行われる。神職の祝詞など、型どおりの祭式があったあと、筆供養がある。昭和四十年九月に神社の参道脇に建てられた筆塚に、使い古した筆を集めて浄火で焼き、筆の精と筆の毛を提供してくれた動物たちの慰霊をするのである。この日焼かれる筆は町内から集められるが、噂を伝え聞いて町外からも送られてくるので、数千本にのぼるという。

なお当日は、参道の西側を筆で飾った「筆通り」ができたり、筆おどりがあったり、筆作りの実演と販売があったりして、当日町は筆一色となる。

八幡様

八幡ハチマンはまたヤハタともいう。ヤハタの起源については諸説があって、一定していない。たとえば八幡神社の首位においでになるのは宇佐八幡宮であるが、その御神体が最初に現われ給うたのが、宇佐郡ヤハタであるとか、御神体自身で「われは誉田天皇広幡八幡麻呂」（ほんだのすめらみこと、ひろはたのやはたまろ）と御名を告げられたとか、神功皇后の長い外征ののち、応神天皇がお生まれになった時、天が感じて、四本ずつの白い幡《はた》と赤い幡の計八本の幡をおくだしになったとか、あるいは仏教の八正道にちなんで言うとかの説である。

ともあれ宇佐八幡宮は、神託をもって弓削道鏡《ゆげのどうきょう》の野望を斥けられた例でも知られるように、古くから神威の高い神社とされ、また平安時代に京都に近い男山《おとこやま》に石清水《いわしみず》八幡宮が勧請されてから、「八幡宮」は伊勢の皇太神宮に次ぐほどの重い地位を占められて、皇室の尊崇を受けられるとともに、中古時代からは「弓矢八幡」の言葉からもうかがわれるように、武門の守護神としても仰がれた。さらにその後は仏教世界にも導入されて、「八幡大菩薩」の語のように菩薩号まで付け加えられて、皇室、武家のほか、神仏二つの方面からも幅広い敬仰を受けられるようになった。

神楽・塵輪

広島県、特に西部地方は神楽《かぐら》が盛んで、神楽団は二百以上もあり、毎年各地で神楽競演大会が行われて、秋は神楽一色となる。現在出演される神楽は、ほとんどが動きの早い能舞であるが、その中でも「塵輪《じんりん》」という演目は、どこの大会でも舞われ、時には二つの神楽団の競演となる場合もある。

神楽、特に能舞は、その発祥の神社の御祭神の御威徳をたたえるものが中心となっている。たとえば出雲神楽の能舞は「天岩戸《あまのいわと》」「八岐大蛇《やまたのおろち》」「国譲《くにゆず》り」などが有名であるが、これらは出雲大社の御祭神である須佐之男命や姉神天照大神や大国主命などの御威徳をたたえるものである。また備中神楽の能舞の眼目は「吉備津《きびつ》」であるが、これは吉備津神社の御祭神吉備津彦命が、四道将軍の一人として、吉備の中山に住む温羅《うら》と戦ってこれを退治される内容である。

「塵輪」は八幡神楽の重要な演目で、宇佐八幡宮の御祭神である仲哀天皇の御威徳をたたえるものといってよい。仲哀天皇の御代、わが国に外敵が攻めてきたことがあったが、その外敵の中に塵輪という者が居た。この者は身に翼があって、自由に空を飛び廻ることができたので、戦いの度毎に黒雲に乗ってわが国に来て、人を殺すことが数知れない。そこで天皇は家来の高麻呂に命じて、警護させていたところ、六日目になって、塵輪が襲ってきたことを奏したので、天皇は神から授かった弓矢を持って立ち向かい、ついにこれを射倒す、という内容である。

塵輪は飛行自在ということで、舞の間に高く飛びあがることがあり、その鬼面はたいへん大きくて、恐ろしい形相をしているのが特徴である。

越天楽

エテンラクといい、正しくは越殿楽と書く。雅楽《ががく》の一つである。唐の音楽であったが、わが国には平安時代のはじめごろ伝えられて、流行した。他の雅楽の万歳楽《まんざいらく》や千秋楽《せんしゅうらく》にくらべると、やや調子が早いのが特徴である。四拍子で口にしやすく、のちには今様《いまよう》や箏《そう》にも用いられた。

日吉神社

この神社は全国にたくさんおいでになって、古くはどこでも日枝神社ヒエジンジャと申しあげていたらしいが、のちにヒヨシジンジャというようになった。ほかに山王権現サンノウゴンゲンと申しあげる所もある。いずれも同じ御祭神である。

全国の総本社ともいうべきものは、近江《おうみ》（滋賀県）の琵琶湖の西岸の坂本にある日吉大社である。御祭神は一宮に大山咋神《おおやまぐい》、二宮に大己貴命《おおなむち》をまつっている。創建の昔から皇室の尊崇が篤く、また神社のうしろに聳える比叡山に建っている天台宗の総本山である延暦寺からは、山王権現の名において、手篤い保護を受けていたので、日吉神社は、神道のほかに仏教的風儀をも取り入れていて、その点から別格の神社とされてきた。特に平安時代、鎌倉時代には、上は朝廷から下は一般大衆にいたるまで、高く御神威を仰ぎ、深く御偉徳をたたえたため、「日吉信仰」は一世を風靡した。そして神社は、二十一にのぼる本社、摂社を持つ大社となった。

地方でもその御祭神を勧請して、日吉神社を創建する所が多かった。広島県内の主な神社を挙げる。

日吉山王権現　　府中市本山町

日吉神社　　神石郡三和町
日吉神社　　広島市安佐南区祇園町
日吉神社　　豊田郡大崎町

○日吉神社　庄原市山ノ内町

当地ではサンノウシャと申しあげる事が多い。主祭神は大己貴命である。当地方は比叡山延暦寺の寺領であったから、早く平安時代の貞観元年（八五九）に、近江の国の安部幣高が近江の日吉神社を勧請したと伝えられている。それ以後、この神社はこの地方の人々の心のよりどころとなった。

この神社の祭礼は昔から春祭で、五月十九日、二十日に行われたが、そのころは、農家では田植のはじまる「大忙がし」の時期に当たるので、現在では四月の第三日曜日に変えた。この日「早駈け馬」が行われる。

早駈け馬

裃《かみしも》をつけて武士に扮した若者が三人、それぞれ馬に乗って参道を早駈けし、本殿まで三度往復するものである。これは所伝によれば、今から四百年ほど前の永禄年間（一五五八―六九）に、この地方を治めていた山内隆通が尼子勢と戦った際、日吉神社で戦勝を祈願したのち、神託によって、戦場で三頭の馬を縦横に走らせて尼子勢の注意をそらして、戦いに勝った。その故事を基にした行事であるという。

この日は大勢の見物人が集まるが、当日の立役者はもとより馬と乗り手の若者である。そのため馬による事故のないように、近くの薬師寺の住職さんが神社で大般若経を誦《よ》むという珍らしい加持が、最近まで行われていたようである。

遣わし女

昔からわが国には、神仏について「遣《つか》わし女《め》」というものを定めていることが多い。一種の従者のような立場の者であるが、それはたいてい鳥獣虫魚の類が選ばれている。たとえば次のようである。

熱田神宮——鷺　　日吉大社——猿
八幡神社——鳩　　稲荷大社——狐
熊野権現——烏　　愛宕大社——猪
春日大社——鹿　　蛭子神社——鯛
松尾大社——亀
大黒天——鼠　　弁財天——蛇
帝釈天——百足

神仏と「遣わし女」との因縁関係はいずれもはっきりしないが、さほど深いかかわりがあるのでなく、大半は神話や故事から出ているが、中には洒落や語呂合わせから考えられたものもあるようである。

たとえば熱田神宮と鷺とは、御祭神の日本《やまと》武尊《たける》が崩御された時、御魂が白い烏になって飛び去られたという伝説から、白い烏――鷺が考えつかれたらしく、熊野権現と烏とは、神武天皇が東征された際、一旦軍を退かれた天皇が、道を変えて熊野に上陸して進攻されたが、その時高木大神のお言葉として「あなたの道案内として、天から八咫烏《やたからす》を遣わすから、それが飛んで行くあとについて行きなさい」と伝えられたという神話から、熊野と烏との縁が生まれたとされている。

また八幡神社と鳩とは、神社の別名の「ヤハタ」から、音《おん》が似通っているという点で「ハト」（鳩）が選ばれたらしく、松尾大社と亀とは、大社の鎮まっておられる場所が「亀尾山」であるところから出たといわれ、また愛宕大社と猪は、大社の社家が「宍戸《しし ど》氏」であるところから、その氏名からシシ（猪）を想定したものといわれる。

稲荷大社と狐とははっきりしないが、江戸時代に考証家伊勢貞丈《いせていじょう》はその著の「安斎随筆」で、「昔稲荷大社の主祭神である御饌津《みけつ》神のお名前を書く時、文字にうとい人が誤って三狐《みけつ》神と書いてしまったことがあって、それが伝えられているうちに、その狐の文字から、狐と結びつけられたのであろう」と書いている。「和訓栞《わくんのしおり》」の著者である谷川士清《たにがわことすが》も「三狐神は御饌津の義なり」と言っている。

日吉神社が猿となったのは、同神社の本社、摂社二十一社のうち、諸事をつかさどる神は猿田彦《さるだひこ》命であるところから、その名前の「猿」をとったともいい、またわが国に古くから言い伝えられた「庚申待ち」の考え方から出たともいわれる。

「庚申待ち」はわが国の古い民間伝承の一つである。「庚申《かのえさる》」の夜寝ると、その人の体内に住む三尸虫《さんしちゅう》が天へのぼり、天帝にその人の罪科を告げるという言い伝えがあって、広く信じられていた。そのため人々は「庚申待ち」といって、庚申の夜は寝ないで、仏教では青面金剛《しょうめんこんごう》を、神道では猿田彦《さるだひこ》命をまつって、夜を明かす風習があった。青面金剛は恐ろしい形相をした鬼神、猿田彦命は「見ざる」「聞かざる」「言わざる」を表わす三体の猿として、それぞれ絵に描き石に刻んだりしてまつった。この点から、猿田彦命の「猿」と庚申待ちの「猿」とを合わせて、日吉大社の「遣わし女」としたのであろう。

なお大黒天の鼠は、大黒天をまつる日は「甲子《きのえね》」の日であったため、その「子」から鼠を想定したものと思われる。

松尾大社

マツノオタイシャとお呼びする。主祭神は大山咋《おおやまくい》神である。この神はまたの名を鳴鏑《なりかぶら》神とも申しあげる。近江（滋賀県）の日枝山、山城（京都市）の松尾山（また亀尾山ともいう）に鎮まっておられるが、特に松尾山が名高く、そのため神社名も松尾大社として一般に知られ、また御祭神大山咋神を松尾明神とも申しあげる。

大山咋神は本来は国土建設の神といわれているが、また酒造りの神としても有名で、むしろこのほうの神として名高く、全国の酒造家の尊崇を集めている。大社では、十一月上の卯《う》の日に、「上卯祭」という醸造安全祈願祭があり、翌年の四月中の酉の日に、醸造が無事に済んだことに対する感謝祭である「中酉祭」がある。どちらの日にも、全国から多数の酒造業者が参列する。

○松尾神社　東広島市西条町

酒まつり

広島県内の酒造業者は、いずれも松尾大社をまつっているが、県内屈指の酒どころである東広島市の西条町では、酒造組合の十二社が合同して「酒まつり」を催す。新米がとれて酒造りのはじまる十月中ごろ、御神体をまつり、神事を行ない、鏡割りをし、神酒を飲む。そのあと町内の中央公園に酒造組合各社が集まり、酒を提供してパーティを開くが、これに参加する一般町民は甚だ多く、その数は約二千五百名にのぼるという。平成四年はさらに計画を拡大して、全国の銘酒六百十一種を集め、「飲んで食べて遊ぶ」ことをモットウに大人を、パレードやみこしやちびっ子広場で子供を、数万の人出を予定している。

二十二社

永保元年（一〇八一）白河天皇の時に制定された。伊勢の皇太神宮をはじめとして、京都、奈良など近畿地方にある神社のうち、格式の高い神社二十二社を選んだもので、勅使による恒例の奉幣のほかに、国家に重大な事や天変地異が起こった時に、朝廷から奉幣される。

1 伊勢神宮　2 石清水八幡宮
3 上下賀茂神社　4 松尾大社
5 平野神社　6 稲荷神社
7 春日大社　8 大原野神社
9 大神神社　10 石上神宮
11 大倭神社　12 広瀬神社
13 竜田神社　14 住吉神社
15 梅宮神社　16 吉田神社
17 広田神社　18 祇園社（八坂神社）
19 北野天満宮　20 丹生川上神社
21 貴船神社　22 日吉大社

八坂神社

普通ヤサカジンジャとお呼びしているが、祇園社ギオンシャも牛頭天王ゴズテンノウも須佐神社スサジンジャも須佐男神社スサノオジンジャも、清神社スガジンジャも素鵞神社スガジンジャも、さらに八重垣神社ヤエガキジンジャもみな同じとされている。御祭神もいろいろで、須佐之男命《すさのお》であるとか牛頭天王《ごずてんのう》であるとか、武塔神《ぶとう》であるとか言われるが、結局お名前は異なっているが、同一の神と言われる。

牛頭天王はインドの神で、祇園精舎の守護神とされている。薬師如来が須弥山《しゅみせん》の中腹にある豊饒国の武塔天王の太子として出現し、成長して王位に即いたのが、牛頭天王である。天王は四才で身長七尺五寸、三尺の牛頭に三尺の赤い角があったといわれる。わが国にはいってからは疫病の神と見なされ、これをまつれば疫病が流行しなくなるといわれた。それをまつった神社が牛頭天王である。

牛頭天王はこのように疫病神の中の総取締りのような存在で、威力には凄まじいものがある。それによって、日本の荒ぶる神の須佐之男命と習合されたものらしい。

須佐之男命は、昔新羅《しらぎ》の牛頭《ごず》山においでになったといわれ、斉明天皇二年（六五六）に高麗の調進副使の伊利之使主《いりしおみ》がわが国に来る時、牛頭山の須佐之男命をまつったとあり、その御神霊をお迎えしてまつったのが祇園社又は須佐神社であるともいう。また武塔神といわれるのは、別記のように、「備後風土記」の中で、武塔神がみずから「自分は速《はや》須《す》佐《さ》雄《のお》之神である」と名乗っておられることから出た説である。

八坂神社の中で最も早い創立は、京都の八坂神社で、斉明天皇の二年であるといわれる。御祭神は須佐之男命、櫛《くし》稲《いな》田《だ》比売《ひめ》と八柱の御子神である。この神社は創立以来、朝廷と民間の両方から尊敬されたため、地方にも御祭神を勧請して神社を立てる所も少なくなかった。

広島県内では、祇園社は旧村社以上でも百五十社ほどあるといわれ、特に備後の国に多い。中でも次の三社は俗に、「備後の三祇園」といわれた。

甲奴部甲奴町小童《しち》の祇園社
芦品郡新市町戸手の祇園社
福山市鞆の祇園社

このうち福山市鞆の祇園社は、現在、沼《ぬ》名《な》前《くま》神社に合祀されている。

安芸の国にも祇園社は少なくない。なお広島市安佐北区可部町では、神社の所在地の名を「天王」といい、同安佐南区では神社の名をそのまま町名にして祇園町といっているが、これらは牛頭天王や祇園社との深いかかわりを示している。

以下各地の八坂神社（祇園社・牛頭天王・須佐神社・須佐之男神社・清神社・素鵞神社・八重垣神社）の祭礼神事のうち、比較的規模の大きいものを略記する。

○八坂神社　竹原市忠海町

　忠海町の八坂神社は、同町の開発《かいはつ》八幡神社の境内に脇宮として鎮座されている。開発八幡神社の祭礼は毎年七月十四日に近い日曜日に行われるが、その日八坂神社から「祇園みこし」と呼ばれる神輿が出て、それが祭礼のメーンとなっている。

祇園みこし

　神輿を担ぐのは、「こっさん」と呼ばれる二十才になった青年たちである。「こっさん」は「輿守さん」の「輿さん」であろう。青い鉢巻、白い法被の足袋はだし姿で、背中に赤、青、黄などのモールや布でこしらえた「猿」と呼ぶ可愛らしい飾り物を幾つも吊るしている。

　神輿は当日早朝神社を出て、一日をかけて、御旅所との間を往復するが、巡幸の時に新町、浜町、内堀、栄町など町内の要所要所で、「みこし廻し」ということを披露する。指揮者の掛声によって、いろいろな廻し方をする。「すわり担ぎ」「立てり担ぎ」「とっちゃげ」「たて廻し」など、右に傾けたり、空高く差しあげたり、横倒しにしたり、重さ六百キロはあるといわれる神輿を、自由自在に操って見せる。そのたびに町にあふれた見物人から喚声や拍手がおこる。神輿の動きは、御祭神に退治された八岐大蛇《やまたのおろち》を摸したものという。青年たちは合間《あいま》を見ては背中の「猿」を見物人に投げる。見物人は争ってそれを手に入れようとする。「猿」は病気を「去る」といって、息災のお守りになる。
このまつり行事は、昭和五十九年十一月十九日広島県の無形民俗文化財に指定された。

○八重垣神社　御調郡久井町

久井町の稲荷神社の境内にある。八坂神社や祇園社と同じように、主祭神は須佐之男命である。「記紀」によれば、神代の昔、須佐之男命が八岐大蛇を退治されたのち、櫛稲田姫命と結婚され、新居を営まれた時「八雲立つ出雲八重垣妻ごみに八重垣作るその八重垣を」とおうたいになったとある。その縁で、須佐之男命を御祭神とする神社を、出雲地方では八坂神社とも牛頭天王ともいわず、「八重垣神社」と申しあげている場合が多い。

八重垣神社の例祭は毎年七月十五日で、いろいろなまつり行事があるが、一括して「祇園祭のおどり」という。昭和三十六年四月十八日広島県の無形民俗文化財に指定された。

祇園祭のおどり

祇園祭に奉納される行事で、武士行列、杖使い、おどり、獅子舞から成っている。奉納者は八重垣神社の氏子である吉田、莇原《あぞはら》、下津、江木、和草、黒郷、泉の七地区で、地区単独で奉納する場合もあるが、例祭日には必ず七地区合同で奉納する。「武士行列」は、目付槍、餌差、水毛持、鷹持、白毛など、昔の

久井町ぎおんおどり（広島県教育委員会提供）

大名行列を模したもの、「杖使い」は、四十名ほどの少年が杖を持ち、時々打ち合う。「おどり」は、風流笠をかぶり、前垂れ、手甲をつけ、小鼓を持ったおどり子が、大太鼓、鉦、ホラ貝に合わせておどるもので、曲は「道引」「花のおどり」「宮島」「長者」「姫御」など十数曲がある。七地区合わせて百四十名がいっせいに動くのは、見事である。「獅子舞」は獅子十四が舞うもので、それに手に陽物の形をした棒とササラとを持ったモドキ（三吉）がからんで、見物を笑わせる。

所伝によれば、大永四年（一五二二）江木にあった高根の城主の山名氏がこの神社に参詣した時、領民がその行列を模し、おどりを奉納したことに由来するといい、のちしばらく中止されていたが、永禄三年（一五六〇）に安芸国高山城主小早川隆景が社参したのを機に、領民が再びこの行事を復活させたと伝えている。「武士行列」「杖使い」は領主社参の様子をうつし、「おどり」「獅子舞」は領民が考案したものらしく、特に後者には虫送り、雨乞い、あるいは豊年祝いなどの農民関係の行事が含まれているといってよい。

○須佐神社　甲奴郡甲奴町

須佐神社は甲奴町小童《しち》にあって、スサジンジャと申しあげるが、昔は祇園社と言った。備後三祇園の一つである。七月の第三日曜日に祭礼が行われるが、これには数里も隔っている上下町矢野の住民が全戸参加して「神儀」を構成するという珍しい形をとっている。これは神代の昔、須佐之男命が矢野から峠を越えて小童にはいられたという言い伝えによって作られ、この神儀は命と櫛稲田姫命との婚儀を真似たもので、行列は命が館におはいりになる様を表わすものといわれている。昭和五十一年六月二十九日広島県の無形民俗文化財に指定された。

矢野の神儀

神儀は、神儀拍子、宿入り、獅子、屋形、神輿の順で進む。神儀拍子は大太鼓、小太鼓、笛、銅拍子で大神楽、渡り拍子を奏するが、特に大太鼓を打つ時は飛んだりバチを振ったりして勇壮である。宿入りは大名行列で、目付槍、三間槍、鳥毛、先箱、大傘、羽熊、ホラ貝と続く。獅子は獅子頭を左右に振る。屋形は山とも屋台ともいい、台の上に歴史、昔話、伝説、テレビなどで有名な場面と人形を造りつけ、四人で担ぐ。神輿は高さ三・四メートル、幅二・一メートル、重さ一・三トン、日本一の大神輿という。これは車つきの台に乗せられ、参加者が引く。行列は須佐神社を出て、御旅所の武塔神社まで往復する。

その他神楽や巫女舞《みこまい》などが奉納されるほか、花火大会もあって、祭の間に帰省する人も合わせて、参拝者は一万に近いといわれる。

矢野の神儀（広島県教育委員会提供）

○清神社　高田郡吉田町

吉田町の郡山のふもとにある祇園社で、御祭神は須佐之男命である。古くから当地こそ神代の昔、八岐大蛇の出た場所と伝えられていたためである。なお神社には、非命に亡くなった早良《さわら》親王をもまつっていたとして、祇園崇道社と言ったとも伝える。

当社の祭礼は五月五日で、その日行われる「市入《いちい》り」が有名である。

市入り

この名の由来は、寛文年間（1661－73）に、神社の祭礼に近郷の人々が集まるのを利用して、ここで牛馬の市を開きたいとの願い出があったためという。この牛馬市は最初からたいへん賑わったらしく、「芸藩通志」にも「牛馬出方交易之儀、御領内近在は勿論、雲伯、備の前後、石防の通りを懸は、人出多く御座候」と書かれている。

「市入り」はこの牛馬市の初日（旧四月五日、現五月五日）に行われ、神輿が出たり、だんじり屋台が出たりする。特にだんじり屋台は子供歌舞伎《かぶき》の曳き屋台で、延宝三年（一六七四）以後引き続いて行われてきたということである。屋台は、京都の祇園祭に出る山鉾《やまほこ》をかたどったといわれ、一時は五台も出たらしいが、現在は「千歳山」と「八雲山」の二台である。

だんじりの大きさは六畳敷きくらい、組み立て敷きで、花道も付いている。曳き手は法被にねじり鉢巻の大人たちであるが、だんじりに乗る太夫、三味線、はやし方は、いずれも男の児で、中でも太夫には地元の中学校二年生から選び、十分に稽古を積むため、評判がよい。演目はいろいろあるが、「絵本太功記十段目、尼崎の段」とか「義経千本桜、吉野山道行の段」とか、華やかなものを十分から十五分に演じられるように脚色したものを二つ演じる。

○素盞鳴神社　芦品郡新市町

かつては天王社、牛頭天王、祇園社などといわれたが、明治になってスサノオジンジャという。御祭神は須佐之男命一柱であったが、現在は櫛稲田姫命と八王子を合祀する。

祇園祭・大祓式

この神社の主な行事に祇園祭と大祓式とがある。祇園まつりは七月一四日から一六日まで行われ、戸手地区、新市地区、府中市中須地区から一台ずつ、計三台の神輿が出て、それぞれ地区町内を巡ったあと、一ヵ所に集まり、三つ巴となって争う。それが見ものとなっている。また大祓式は別記「備後風土記」に基づいた茅の輪くぐりの神事である。

○祇園社　尾道市久保町

江戸時代のはじめ、疫病がはやった時、ここに祈願して効果があったと伝える。

夏祭

当社の祭礼は旧の六月七日から十四日まで行われ、最初の日と最後の日に神輿が出て、その三体廻しは豪華である。そのため当社の祇園祭は近在の夏祭の代表として知られている。

○素鵞神社　豊田郡安芸津町

地元ではスガジンジャと言っているが、実は祇園社である。ここに変わった祇園祭がある。

祇園祭

昔は七月十三日の祭礼日に行われたが、現在は七月の第二日曜日になった。所伝によれば、宝暦年間（一七五一－六三）京都を訪れた三津の村役木原安右衛門正直が、祇園祭を見てたいへん感激し、その祭の形を故郷に移そうと考え、神輿や傘鉾の衣裳などを寄進したのが、ここの祇園祭のはじめという。その後いろいろなものを案出して祭に加えた。たとえば大名行列の中の「奴の行列」である。当日午後一時半ごろ、神社で神事が行われたあと、神輿を先頭に鬼の道行、傘鉾、奴行列と続く。奴は約百名の若者たちが黒い法被に陣笠、ワラジ掛けの奴姿で先箱、鉄砲、弓、毛槍を担ぐ。中でも毛槍は大名行列らしく、町の所々で、大きく毛槍を振って投げかわす。練習のせいか、その手際がよくて、見物の拍手が起こる。なお昔は、騎馬武者の一隊もあったが、現在は無くなっている。

この行列は、御旅所の前の広場に到着して終了する。

○大歳神社　三次市三次町

オオトシジンジャとお呼びする。御祭神は大歳神《おおとし》で、五穀の神とされ、昔はどの村にもあった。もとより祇園社ではないが、毎年六月三十日の夜の夏祭に茅の輪くぐりが行われる。

茅の輪くぐり

六月三十日の夕刻から神事があり、同時に茅の輪くぐりがはじまる。茅の輪は、細長く束ねた茅ガヤを高さ二・五メートル、幅一メートルの細長い輪にして支柱の竹に結びつけたもので、神殿前に作られる。参拝人は、年令、性別を書いた御礼と、カヤと柳で作った幣とを持って、茅の輪を右回りに8の字なりに三回くぐり抜ける。そうすると無病息災の御利益があるというので、当日、ここに来る参拝者は市内、近隣を合わせて、三千人を越すといわれる。

茅の輪くぐりは祇園社関係の行事である。したがって大歳神社とは無縁のものであるが、当地にあってもおそらく祇園社の神事であったものが、いつのほどか農民の神大歳神をまつる大歳神社に移ったものと思われる。

備後風土記

風土記《ふどき》は、和銅六年（七一三）に、朝廷の命によって、各国の役所から、その国の地名のいわれ、物産の品目、土地の状態、伝説などについて報告したものである。現存するのは出雲風土記（完全）、常陸、播磨、豊後、肥前（一部欠損）で、その他は一部分（逸文）を残している。備後風土記はその逸文の一つで、次の「武塔神」の説話は、その中に見られる。

昔、北の海においでになった武塔神が、南海の神の娘と結婚するため、この地を通られた時、日が暮れたので宿を求められた。ここに二人の将来《しょうらい》がいた。兄の蘇民将来《そみんしょうらい》は大変貧しく、弟の将来（巨旦将来《こたんしょうらい》？）は大金持で、家や倉が百もあった。さて武塔神が弟の将来に「泊めてもらいたい」と頼んだところ、弟は嫌がって泊めない。そこで兄の蘇民将来の許へ行ったところ、兄は快く承知し、粟殻《あわがら》で坐る場所を作り、粟飯などを出して食べさせた。

武塔神はその後南の海へ行かれて、何年か経ち、八人の御子（八王子）を連れて帰る時、またここへ寄られ、蘇民将来に「わしはお前の親切に報いたい。お前に子供が居るか」とおっしゃった。蘇民将来が「娘が居ります」と答えたところ、武塔神は「茅《ち》の輪を作って腰の所につけさせなさい」とおっしゃったので、その言葉どおりにしたところ、その夜武塔神は、蘇民将来の娘のほかは全部打ち殺された。そしておっしゃるのは「自分は速須佐雄《はやすさのお》の神だ。後世疫病がはやることがあらば、茅の輪を腰につけ『蘇民将来の子孫だ』と言え。そうすれば命は助かるぞ」

この伝説に基づいて、疫病が流行すれば「蘇民将来の子孫」と書いた札を下げたり、茅の輪をくぐったりして、武塔神をまつれば災難が避けられるという言い伝えが、備後に広まったという。

なお武塔神をまつった神社は、新市町戸手江熊にある疫隈《えのくま》神社とする説がある。

荒神神楽

荒神信仰の神楽である。荒神は、その文字から類推されて、あら神→怒りの神→火の神となり、「あら神」から須佐之男《すさのお》命とされ、また「火」に縁のある「かまどの神」と信じられて、農家の守り神となった。この荒神信仰は、広島県内では特に備後の国に行われ、比婆郡、庄原市、神石郡、芦品郡、府中市など、広い範囲にわたたっているが、この荒神信仰に基づく神楽を「荒神神楽」という。

荒神神楽で珍しいのは「神下ろし」と「竜押し」であろう。「神下ろし」は神職が祝詞を奏する間に、部屋の中央天井から吊った白開《びゃっかい》を、綱を引いて前後左右に揺り動かすこと、「竜押し」はあらかじめワラで作っておいた長い竜を担いで、田圃を駆け廻ったあと、神前に張り渡し、それをヨリマシとして、御神託を受ける舞である。

また荒神神楽が全部終わった際に行われる「灰神楽」も珍しい。今年と来年の当屋が、オカメとヒョットコの面をかぶり、スリコ木とシャモジとで、イロリの餅を奪い合うもので、灰が濛々と立って、参列者も逃げ出す。「灰神楽がたつ」という言葉の語源となった神楽である。

なお七年、十三年、十七年、三十三年等の式年に奉納される場合は、四日四晩にわたって延々と神楽が続くが、現在もそれを確実に行なっている比婆郡東城町の荒神神楽は、昭和四十年十月二十九日広島県の無形民俗文化財に指定され、さらに昭和五十四年二月三日に国指定の重要無形文化財に選定された。

竜王神社

リュウオウジンジャという。備後地方には娑迦羅《しゃから》竜王をまつる神社が多く、これらを竜王神社、または略して竜王社といった。なお特定の山を竜王の棲む山として、竜王山と名づけて、これを崇めた。

祭神の娑迦羅竜王は、難陀《なんだ》竜王や和修吉《わしゅきつ》竜王などの八大竜王の一つで、海や水をつかさどり、特に雨を降らす竜王とされていたから、昔から農民にとって関係が深く、特に「雨乞い」の際に、この竜王の前で踊を奉納して、その冥加をお願いした。

その踊の一つが、小味《こみ》の花おどりである。

○竜王山　尾道市原田町

小味の花おどり

この「おどり」は、原田町小味の人々によって、十月ごろ摩訶衍《まかえん》寺でおどられる。摩訶衍寺は、竜王山の一つの峯の大鵬山にある曹洞宗の寺で、御本尊は十一面観音で、三十三年目に開扉されるが、「花おどり」はその時にも奉納される。

かん鼓（四名）中おどり（八名）うたい手（六名）笛（八名）鉦（十名）お

どり手（二十名）から成る。一行は「道行」の曲によって山道を登り、本堂の前で円陣を作る。内側にかん鼓、中おどり、それを囲んで笛、鉦、おどり手が内側を向いて立ち、円陣の傍らに並ぶうたい手の歌に合わせて、一斉にうたいおどる。特に中おどりは、手に持った槍を上げたり下げたり、飛びあがったり回ったりする。これにくらべて外側のおどりはおとなしく単純で、しかもその場を動かない。

小味の花おどり（広島県教育委員会提供）

「おどり」の演目は「不思議おどり」「薩摩おどり」「松屋まどり」など十九曲もあるが、ほとんど同じ型の繰り返しのようである。その中にあって「花のおどり」（竜王山第一）「つるべおどり」（竜王山第二）「雨乞いおどり」（竜王山第三）がいくらか荘重な動きで、この「おどり」の中心演目と見られるが、この三曲を「雨乞いおどり」という。

竜王山はこの大鵬山のうしろに聳える高山（標高六六五メートル）で、世羅台地の南の端にある。昔から、東は戸手、新市から西は三原におよぶ三十九ヶ村の、雨をつかさどる竜神の山として尊崇された。そのため旱りの年には、小味から山を登って、摩訶衍寺から五十メートルほど上の、「台場」といっている広場で、雨乞い踊が奉納され、前記三つのおどりがおどられた。なお霊験の雨が降った時は、再び山を登って、この三つのおどりのほか、「浴衣おどり」がお礼踊として奉納された。

この小味の「花おどり」は、多くの演目はあるが、「雨乞い踊」が中心であって、農民と関係の深い踊であること、しかも古い江戸時代初期の踊の型を多分に残していることなどが認められるとして、昭和四十五年一月三十日、広島県の無形民俗芸能に指定された。

第三節　その他の神社と祭礼

○宇津神社　豊田郡豊町

ウズジンジャと申しあげる。大長にある。いつごろ創建されたか明らかでない。御祭神は神直日神《かみなおびのかみ》、八十枉津日神《やそまがつひのかみ》、大直日神《おおなおびのかみ》である。どの御祭神も海をつかさどる神であるから祭礼行事も海にちなんだもので、例祭日の旧八月十五日には、昔は大長港の前の海で櫂伝馬船《こぎてんません》が並び、勇壮な競漕が行われたと伝えられているが、最近はその海が埋められたため、櫂伝馬船は姿を消してしまった。

その代わりに登場したのが、櫓《やぐら》だけが街を練り歩き担ぎ回る陸の祭の「櫓祭」である。

櫓祭

この行事は、現在では九月の第四日曜日に行われる。この祭事の主役は、高さ二・七メートル、一・五メートル四方の台座すなわち櫓である。台座にはカラフルな飾りをつけ、台座の中に居て太鼓を打つ子供、櫓の担ぎ棒の上に乗って掛声をかける子供など、八人の子供が乗る。これを七十人ほどの若者の氏子が交替して担ぐのである。

祭礼の当日まず神社で神事が行われ、そのあとで御神体を乗せた神輿を、神社の前の広場に設けたお旅所に安置する。いよいよ櫓の出番である。鉢巻、脚絆、法被姿の若者たちが、威勢よく掛声をかけて担ぐ。掛声は、「ササゲテ、マワセ」「ホーオンエイヤー、エンヤラヤノヤー」と聞こえる。櫓は一時間ほど街中を練り歩き、所々で若者たちによって回される。高々と差しあげられたり、大きく揺すられたりする。見事な動きで、そのたびに大勢の見物人から賛嘆の声があがる。

百手神事

宇津神社では旧一月九日に境内で、「百々神事《ももて》」がある。これは別名「弓まつり」と言い、裃《かみしも》に威儀を正した若者が二十人、早朝から神前で身を清めたのち、甲乙二組に分かれて、的に向かって矢を放ち、優劣を競う。

○浮幣社　三原市幸崎町

幸崎町能地《のうち》の海に面した丘の上にある。ウッペイシャとお呼びする。御祭神は底筒之男《そこつつのお》神、中筒之男《なかつつのお》神、上筒之男《かみつつのお》神と神功皇后とである。前の三神は、伊《い》弉諾尊《ざなぎ》が筑紫《つくし》の日向の橘の小門《おど》の阿波岐《あはき》原で禊をされた時に生まれ給うた神々で、水神であらせられる。また神功皇后が御祭神に加わっているのは、当地が皇后と深いゆかりがあるためである。

当地のほとんどの漁民は、「浮鯛抄《うきだいしょう》」（浮鯛系図ともいう）という記録を蔵しているが、それによると、九州へ赴かれる皇后が、渟田門《ぬたのと》に船をとどめて、海神に幣を手向けて海に投げられたところ、その弊が流れ寄った場所がここであると伝えている。そのためここに社を建てて、「浮幣社」といい、皇后を御祭神に加えたのである。

この神社の付近一帯の海は、浮鯛の現象が見られる所であり、漁民たちは毎年、この神社に参って浮鯛祭をおこなっている。

浮鯛祭

浮鯛の時期は、鯛の産卵期に当たる。すなわち立春から一ヶ月ほど経った頃から、八十八夜あたりまで、つまり五月、六月ころになると、必ず見られる現象であるため、漁民たちはその期間中に適当な日を定め、浮幣社に獲《と》れた鯛を供えて、一層の豊漁を祈るのである。

浮鯛

浮鯛とは海面に鯛が浮きあがる現象で、その歴史は古く、「日本書紀」の仲哀天皇二年（一九三）六月十日の条に、次のような意味が記されている。

皇后が角鹿《つぬが》から出発されて渟田門へお着きになり、船の上で食事をされた時、鯛がたくさん船の周囲に集まった。皇后が鯛に酒を注がれると、それらの鯛はみな酔って浮きあがった。漁民たちはその鯛をとって「聖王様のくだされた魚」と言って、喜び合った。

この現象は現代にも続いていて、「能地の浮鯛」と称されているが、これを学術的に解説すると次のようだと言われている。

毎年五月ごろは鯛の産卵期である。鯛は産卵のため、太平洋から黒潮に乗って瀬戸内海にはいり込んできるが、潮の流れは時速四、五十キロといわれる。この潮が流れ込む能地の海中は、海岸に近い所で急に落ち込み、凹味を持った断崖のように切り立っている。そのため潮は断崖にぶち当たり、反転して急上昇する。潮に乗ってきた鯛も潮とともに急に浮きあがるため、浮嚢《うきぶくろ》の調節がつかず、そのため海面に浮いて漂うのである。もとより浮嚢が縮まれば、鯛は急速に海底に潜り込むのであるが、その間、十分ほどは鯛は横になって海面に漂っている。これが浮鯛の現象である。

○大歳神社　安芸郡江田島町

オオトシジンジャとお呼びする。大歳神《おおとし》をまつる。大歳神は穀物の神として知られる。須佐之男命の御子で、御母は大山津見神《おおやまつみ》の女である神大市比売命《かみおおいちひめ》である。兄弟に宇迦之御魂神《うかのみたま》がおいでになり、御子は御歳神《みとし》であるから、一族すべて穀物守護の神である。したがって昔はどこの農村にも、この神をまつる大歳神社があった。しかし明治になって神社合併の令が出たため、他の神社に吸収され、急激にその数が減った。県内では主な大歳神社は双三郡吉舎町、甲奴郡甲奴町、山県郡筒賀村、同戸河内町、賀茂郡河内町その他数ヶ所に過ぎない。

神楽

江田島町切串の大歳神社では十月十四日、十五日の祭礼に、十二神祇と称する神楽が奉納される。十二神祇は石見神楽から出たもので、十二の演目はそれぞれ特色のある内容であるが、当地の神楽団はよく練習を積んで見事であり、また囃子も優秀である。

神楽・十二神祇

十二神祇という神楽は、石見《いわみ》神楽の一派と見られる。安芸《あき》国（広島県西部）へはいった石見神楽が南進したもので、佐伯郡、旧安佐郡、広島市、安芸郡、呉市などを含む広い地域に行われている。十二の演目を舞うところから、その名が出たと思われる。

その十二の演目は、四十を越す石見神楽の演目の中から選んでものので、はじめに「胴の口明け」「湯立舞」を置き、最後に託宣舞の「将軍」を据えて、首尾相応じた間に、「岩戸」「荒平」「恵比須」「王子」など、興味深い演目を置いたものである。

特に最後の「将軍」は他の神楽に無い演目で、十二神祇の大きな特徴になっている。天大将軍は三才の時家を嗣いだ武将で、特に弓射をよくした。この将軍の弓勢をかりて、天を射て神託を得ようとするもので、将軍が太夫とからんで舞ううちに、太夫から「これより北にあって一寸四方の穴あり。それにデツイツという鬼が居る。将軍はそれに向かって矢を射たまえ」と叫ばれ、矢を放つとたちまち神懸りとなって倒れる。やがて世話人の助けで正気に返るが、倒れている間に神託を受けるのである。この舞は相当危険で、将軍は人事不省になったまま、正気に返らない事もあるので、「死に入り」という名目もあり、この演目を省略する神楽団もある。

○大頭神社　佐伯郡大野町

国道二号線から北へ三キロほどはいった妹背《いもせ》滝のふもとにある。オオガシラジンジャという。推古天皇十一年（六〇三）に創建されたといわれる。御祭神は国常立尊《くにのとこたち》、大山祇尊《おおやまずみ》および佐伯鞍職《さえきのくらもと》の三柱である。国常立尊はわが国の最初の神であり、大山祇尊は伊弉諾尊《いざなぎ》と伊弉册尊《いざなみ》の間に生まれ給うた神で、山の精霊を支配する神であるとともに、海の神でもある。佐伯鞍職は厳島神社の初代の神職で、厳島神社を建てた人である。

所伝によれば佐伯鞍職が厳島神社を建てるために最も適当な土地を選びたいと、方々の島を見て廻っている時、一番《ひとつが》いの烏が飛んできて、宮島へ導いてくれた。それでここに神社を建てたとある。それ以後、宮島にはその烏の子孫が一番いずつ住んでいるといわれる。宮島の対岸に建つこの大頭神社では、この神烏に食物を供える儀式がある。それが、「お烏喰《とぐ》い祭」である。

お烏喰い祭

当神社の「お烏喰い祭」は、昔は一年に何回も行われたらしい。しかしそれらは臨時で、たとえば正月とか雨乞いとか虫送りとかの祈願のためであった。ただ旧の九月二十八日（現在は十月第四日曜日）の氏神祭だけは、毎年必ず行われることになっていた。

この日は午前七時ころから神事がある。そのあとで神職は、境内の森にある高さ約十メートルの「神供の岩」という岩に、烏の食物を供え、烏を写した黒ずくめの衣裳を頭からまとった祭保存会の人々によって、烏神《うじん》太鼓が鳴りはじめる。すると、はるか宮島の方から一番《つが》いの親烏が一番いの子烏を連れて飛んできて、食物をくわえて飛び去る。ただしその際親烏の一番いは宮島へ戻らず、神社の上空から故郷の紀州熊野へ帰ると信じられている。そのためこの日の「お烏喰い祭」は、別に「四烏の別れ」と呼んでいる。この事は昔から連綿と続いていたらしく、文政二年（一八一九）の「芸藩通志」に、次のように書いてある。

大頭神社

九月廿八日、巌島祠官等来会し、舞楽を奏し、社傍の石に烏喰飯を供す。巌島弥山の初烏来りてこれを啄み、親子わかれ去る。此を四烏の別といふ。

なお当社の「お烏喰い祭」と同じ名の祭典が、毎年五月十五日、本社巌島神社でも行われて、それが次第に有名になってきた。そのまぎらわしさを避けるため、当社では最近その名称を止め、「大野祭」と変更したということである。

この日、町内から神輿が出るほか、俵もみもあり、露店も並んで賑わう。

○大須賀神社　三原市沼田町

沼田《ぬた》町の沼田下《ぬたげ》にある牛の寝たような形をした山の上に鎮座されている。オオスガジンジャと申しあげる。御祭神は宇気母智《うけもち》神、面足《おもだる》神、訶志古泥《かしこじ》神である。三柱とも穀物、食物をつかさどる神であるから、農村にふさわしい神社である。

この神社は、また「牛神社《うしがみしゃ》」と呼ばれていて、むしろその名が古い。天明年間（一七八一―一八八）木原尚房が編集した「三原めぐり」にも「牛神社、木の浜、当社は農家の牛を守る御神なりとて、近辺の村々より参詣たえず。例祭は七月十六日」とある。

この神社では、毎年八月十六日に例祭が行われるが、当日は近くの小坂、荻路、沼田下の三つの集落が組んで、牛馬の安全を願う行事があって、それを「ちんこんかん」という。

ちんこんかん

この奇妙な名は、この神事に使う楽器の音色から付けたものと思われる。一部の人は「ちっこんかん」と言い、竹根幹と書く人もいるが、恐らく当て字であろう。

幟を先頭に、宰領、大鬼、小鬼、小太鼓、大太鼓、大鉦と並ぶ行列が、神社へ到着し、拝殿を三度廻ったあと、円陣を作り、楽器を打ち鳴らしておどる踊である。

ちんこんかん（広島県教育委員会提供）

大鬼一名は赤ずくめの衣服、手甲、脚絆で、頭にシャグマをつけ鬼面をかぶり、紙飾りのついた小さい破魔弓を持つ。同じような赤づくめの衣裳をつけ、六尺棒を持った小鬼二名が付く。大太鼓打ちは十数名、小太鼓打ちは八名、鉦打ち二名、これらは白地に赤と青とを使った夏の軽装である。大太鼓は地面に置き、一つの太鼓に三名の打ち手がおどりながら打つ。小太鼓は一名ずつ手に提げて打つ。鉦は二人がかりで竹に吊るして担いでいるのを打つ。これらの楽器の音が「チン、コン、カン」とひびくのである。踊がしばらく続いたあと、大鬼は破魔弓を振って悪霊退散をし、小鬼は六尺棒で打ち合う。そのあとまた踊があって、行事は終わる。

「ちんこんかん」は、使用する楽器といい、鬼の参加といい、元は雨乞い踊であったと思われる。文政三年（一八二〇）山中村から提出した「書出帳」に、次のような意味が書かれている。

「西野村、山中村、東野村、木原村、宮沖新開では、旱りの際には一応雨乞いをする。それで雨が降らない時は踊をする。そして雨が降ったら、願いの叶った悦び踊というのをおどる。その時は笠の縁に赤青の色紙をつけ、赤い衣裳をつけて鬼となった者が、大太鼓、鉦、小太鼓を打っておどる。」

現在の「ちんこんかん」は、旱りの時、三原の各村から出た雨乞いの踊を大体現在に伝えるものとして、昭和三十四年十月三十日広島県の無形民俗文化財に指定された。

○神山神社　豊田郡安浦町

祭礼

祭礼は旧八月十五日の次の日曜日に行われる。安浦町は海に面した町であるため、海と陸とで祭の行事がある。紙では櫂伝馬《こぎてんま》の競漕があり、陸では櫓太鼓が鳴りひびき、神輿が町を練り、長い大名行列が続く。町を挙げての行事である。

○塩屋神社　広島市佐伯区

五日市港に近く、海老山のふもとにある。シオヤジンジャという。御祭神は猿田彦命《さるだひこのみこと》と塩釜神《しおがまのかみ》とである。猿田彦命は天孫瓊瓊杵尊《ににぎのみこと》の一行が天上国から天下りされた時、先導された神であるから指導神としての性格があるとして、職業とか交通とかの神として信仰され、塩釜神は海水に関係のある神であるから、漁業や出産の神として、ともに五日市の漁民の間に篤く信仰されてきた。この境内に湯蓋道空《ゆぶたどうくう》夫妻をまつる道空社があって道空祭が行われている。

道空祭

旧七月一日に近い土曜日と日曜日の二日間行われる。第一日目は、夕刻から「燈籠流し」がある。道空社でお祓いを受けた燈籠舟に、名前を書いた紙の人形《ひとがた》を入れて、汐に乗せて流す。第二日目が本祭で、夕刻、小型の神輿を乗せた御座船に、神職、巫女、氏子総代等が乗り込み、神楽を奏しながら港を出て、数十隻の漁船に守られ、つくね島を三回廻って、還御される。

その間、納涼花火が打ち上げられ、露店の並んだ境内や参道には、浴衣がけの参拝者が雑踏して、たいへんな賑わいである。

道　空　社

道空さん

「道空さん」の名で親しまれている湯蓋道空《ゆぶたどうくう》は伝説上の人物である。「厳島《いつくしま》道芝記《みちしばのき》」によれば、道空は昔、ここの海老山《かいろうやま》のふもとに住んでいた貧しい漁師であったが、日頃から厳島大明神を深く信心して、毎日釣った魚を供えていた。ある日漁に出たところ、奇瑞に会った。それは行手の沖に蓬莱《ほうらい》が忽然と浮かびあがり、道空の船の通る路はすべて黄金の砂でキラキラ光った。不思議に思った道空は、神のくださったものと考え、砂を船に積み込んで帰った。それ以来道空はたいへんな長者になったという。なおその住む家の傍から温泉が湧き出たので、「湯蓋」という姓にしたとある。

またこの道空に一人の息子があった。頭のよい子であったが、ただ一つ「何事も、人の言うことを素直に聴かないで、逆にとる」という奇妙な癖があった。いわゆる「あまのじゃく」である。道空が死期の近いことを覚った時、「墓は海老山に建ててほしい」と考え、反対癖のある息子に向かって「わしが死んだら、墓はつくね島に建ててほしい」と言い残して死んだ。父の死を目前にした息子は「自分はいつも反対の事ばかりしてきた。悪い息子であった。よし、今度は親の言うとおりにしよう」と言って、遺言どおり墓を島に造った。それで道空の墓は五日市の沖のつくね島にある。つくね島はそのため、地元の人々から「あまんじゃく島」と呼ばれている。

○多家神社　安芸郡府中町

タケジンジャという。主祭神は神武天皇である。この神社の名の見えるのは「延喜式」で、いわゆる式内社であるが、御祭神は多家神となっている。多家神社は、平安時代には国内でも屈指の神社であったらしいが、その後社運が衰え、江戸時代にはその所在さえ判らなくなった。その上に、別記「埃宮《えのみや》」のように、神武天皇御東征の際の行宮《あんぐう》地の事とからんで、大きな問題となったが、ようやく明治七年（一八七四）になって再建された。

多家神社の祭礼日は、はじめは旧二月一日一日だけであったから、その祭礼を地元の人々は、「一日正月」（ヒテェショウガツ）と言った。現在は四月の第一日曜日に行なわれ、牛祭《うしまつり》という。

牛祭

牛は馬とともに田の耕作に欠くことのできないものであるが、牛馬を守護される神は、遠く大山《だいせん》の中腹におられる千頭《ちず》権現であるから、備後地方では、毎年牛馬の働く五月の田植え時に、権現を勧請して供養ができるが、大山に遠い安芸国ではその便宜がない。そこで江戸時代の終わりごろ（一八六〇ごろ）府中に広い田地を持つ市守《いちもり》長者が、牛馬の供養をこの地で行なう事を思い立ち、稲作の神稲荷神社の祭礼日に合わせて、旧二月一日を「牛を祭る日」とした。それが現在の牛祭の起源であるという。

多家神社（埃宮）

牛祭は、稲荷神社から多家神社まで行進することからはじまる。牛を先頭に、牛追い、エブリつき、弁当持ち、早乙女の順に並び、田姿で田植歌をうたいながら進む。歌詞はすべて市守長者を賞めたもの、調子は安芸地方にうたわれていた緩調子である。

ヤレ早乙女衆や　今日の田の主や
　市守長者が　エー祝われた
　　ハー　ヨイ　ソリャ　ソリャ

ただし現在では、牛は生牛でなく、牛の形に竹を編み、黒い布を張った雌雄二頭の張り子の牛で、その中に大人が二人はいって、前後の脚となるが、道中では首を振ったり跳ねたりして、見物を笑わせる。

埃宮

埃宮《えのみや》は神武天皇の行宮《あんぐう》であったと伝えられる。「日本書紀」によれば、甲寅年十二月から三ヶ月、安芸国の「埃宮《えのみや》」に足をとどめられ、翌年三月に吉備国の高嶋宮に移られたとある。また「古事記」によれば、安芸国の「多祁理宮《たけりのみや》」に七年間とどまられたとある。これらの記事が後まで問題となった。学者の中には、この両宮を同一と見なして、今の府中町にあったとする人もあり、「多祁理」と「多家神」と音《おん》が似ているところから、多家神をまつった多家神社がその場所であるとする人もあった。しかしこの問題は、町内にあった八幡宮と総社との利害関係とからんで、ますます紛糾して、久しく解決を見なかった。

結局、明治になって、埃宮の所在地と伝えられた誰曽《たれそ》の森に新しく神社を建てることにして、長年にわたる問題は一応解決した。その神社が多家神社である。

○常盤神社　三原市幸崎町

浜のまつり

トキワジンジャは幸崎町能地にある。旧の一月二十七日、二十八日に近い土曜日と日曜日の両日に、「浜のまつり」というのが行われる。ふとんダンジリが四基出て練り歩き、若い衆の打つ太鼓の音が威勢よくひびきわたる。

○沼名前神社　福山市鞆町

ヌナクマジンジャと申しあげる。明治八年（一八七五）久しく鞆《とも》の産土《うぶすな》神であった祇園社と、その境内にあった渡守《わたす》社とが合併してできた神社である。

祇園社は式外社であるが、「備後三祇園」の一つで、また「備後風土記《ふどき》」の中の「疫隈国社《えのくまのくにつやしろ》」はこの神社であろうともいわれる。

渡守社は式内社である「沼名前神社」であろうとされている。

神社の御祭神は、祇園社の須佐之男命と渡守社の大綿津見《おおわたつみ》命とである。須佐之男命は荒海《あらがみ》であると同時に、朝鮮と日本とを自在に往来せられた神であるところから、海上交通安全の神とされている。また大綿津見命は、お名前からもわかるように、海の神様である。かように本社の御祭神は、二柱とも海の神であるから、昔から海の交通の重要な土地であった鞆に鎮座されていて、当地の人々の氏神様としてあがめられたのであろう。

なお神社の境内には八幡社も合祀されているが、これは社伝によれば、神功皇后が外征された時、この地に立ち寄り、海から得られた霊石をまつって渡海の安全を祈られたのが渡守社で、凱旋された時に、御礼として、弓を射る時に腕に巻く鞆を奉納されたのが、のちに地名となり、また神功皇后をまつって八幡社が建てられたのだという。

当社で行なわれる祭礼行事のうち、古式を伝えているといわれるのは「お弓神事」と「お手火神事」で、ともに福山市の無形民俗文化財に指定されている。

○お弓神事

旧の一月八日に行われる。上記の神功皇后が鞆を奉納されたという伝説によって作られた。的に「鬼」の字を書いて、これに向かって矢を放ち、当たれば悪

沼名前神社

魔払いがかない、五穀豊穣となるとされる。鞆の七つの町が輪番で受持って、親弓主、子弓主、小姓、矢取りなどの役を定め、六日の夕方、神前で前年に使った弓、矢、刀を受けて、殿上人としての資格を授かる。七日の午後に、親弓主と子弓主によって、その弓矢が使われ、境内に設けられた桧舞台の上から的に向かって、三度矢が放たれるのである。

○お手火神事

旧の六月四日に近い日曜日に行われる。参拝者の詰めかけた境内に、午後六時に一番太鼓、七時に二番太鼓が打たれたあと、午後八時に三番太鼓がとうとうと鳴り渡ると同時に、本殿で火打ち石の火でともされた神火が、白衣の神職に奉持され、石段を駆けくだり、三本の巨大な大手火にうつされる。大手火は、旧五月ごろから予め準備されていたもので、竹と肥松《こえまつ》とを束ねた直径一メートル、長さ四メートル、重さ約百五十キロの大炬火《たいまつ》である。

この燃えさかる大手火は、厚い刺子《さしこ》を頭からかぶり、水を全身に浴びた屈強な氏子衆によってかつがれ、ワッショイ、ワッショイの掛声とともに、四十数段の石段を、一時間あまりをかけて昇り、本殿まで運ばれる。暗闇の中をゴーゴー、パチパチと燃えさかる大手火は、火の粉を八方に撒き散らしながら動き廻る。待ち構えていた参拝客は一斉に喚声をあげ、手に手を持った小手火に火をうつし、大手火の燃え殻とともに、わが家に持ち帰る。小手火の火は町を清め、大手火の燃え殻《がら》は、玄関に置けば、家内安全、無病息災の効力があるといわれる。
この勇壮で豪快な火の祭典は、日本の「三大火祭」の一つに挙げられている。

○室原神社　豊田郡豊浜町

豊浜町に鎮座されるムロハラジンジャは、所伝によれば、もと室原八幡宮と申しあげ、久しく社運は盛んでなかったが、元和七年（一六二一）に再興して、室原神社と改名したということである。当社は俗にアビ神社といわれ、ここでアビ祭が行われる。

アビ祭

アビは当地方のみに飛んできて、アビ漁を盛んにさせている鳥であるから、漁民にとって大切な鳥である。そのために漁民は、万一アビが死んだりすれば、ただちに神社にまつり、年に一度は鄭重な神事を行なって、その霊をまつるとともに、豊漁をいのる。それがアビ祭である。

この日、漁民たちは漁を休み、アビ漁で釣り上げた鯛に酒を添えて、神前に供えて祈念する。そのあとで漁民たちは、近くの浜辺に集まってささやかな宴を張り、酔えばうたったたり相撲をとったりして、その日一日を楽しく過ごすのである。

アビ漁

アビは比較的大型の渡り鳥である。脚はからだの割りには小さく、しかもからだの中心よりうしろの方にあるので、陸上を歩くのは上手ではないが、水中を泳いだり潜ったりするのは、鳥類の中で最も巧みであるという。

夏は北極に近い寒冷地方に棲んでいるが、冬は温かい南方に渡ってくる。特に広島県では、大崎下島の南および西と、斎島《いつきじま》の北と、尾久比《おくい》島の西の海に多く渡ってくる。その理由は、この海域には三、四月ごろ、イカナゴがおびただしく発生するため、そのイカナゴを食べようとして、渡って来るのであるという。

当町の漁民は、そのため「鳥つき網代」という特別な漁法を考えついた。所伝によれば、元禄六年（一六九三）ごろのことであるという。その方法は、アビがイカナゴを捕食するため、群をつくって水中に潜る。追われたイカナゴは海中深く逃げる。そのイカナゴを追って、鯛やスズキが集まってくる。その鯛やスズキを漁民が釣りあげるという方法である。

広島県では、他にまったく見ない珍しい漁法であるため、アビを大切に保護し、現在「県鳥」に指定している。

ただし最近は、飛来するアビの数が減少してきた。一時は五千羽近く来て、漁船も百隻あまり出漁したこともあったが、最近は、アビは五分の一、漁船は三分の一に減少し、平成三年などはアビは数十羽しか飛来せず、漁船も僅かしか出なかった。これはイカナゴの発生が激減したためといわれる。

○八岩華神社　呉市仁方町

ヤイバナジンジャと申しあげる。仁方町の人々にとっては、総氏神様のように大切な神社である。その例祭日である十月九日と十日の両日には、隔年毎ではあるが、「櫂踊り」という祭行事があって、見物人が大勢出る。

櫂踊り

拍子木と音頭による子供を中心とした行進型の踊りである。昔は町内の若者が中心で、船型の屋台が出て、太鼓や笛や三味線の音に合わせて踊ったそうであるが、最近は若者の「祭放れ」のせいか、大東地区の子供たちが主役となっている。小学校の一年生から六年生までの男女の児童が、豆絞りの手拭いで鉢巻きをし、法被、手甲、脚絆で草履穿き、手に小さい櫂《かい》を持って、大人のうたう伊勢音頭に合わせて躍る。躍の所作は比較的簡単で、櫂を持ってゆっくりと、止まったり動いたりするだけで、一つ拍子の盆踊を思わせる。

この躍がどうしてはじまったか、はっきりしないが、今から二百年ほど前、仁方の船乗りが九州で習い覚えてきたともいい、また明治のはじめごろ、大東地区の高木庄助という人が、伊勢方面で習い覚えてきた躍を、その弟の秀助と作松とで踊りはじめたものであるともいう。

第二章　寺院のまつり行事

神社の「例祭」に相当するものは、寺院では、「縁日」であり「開山忌」「報恩会」であり、「灌仏会」「涅槃会」であり、「盂蘭盆会」などであって、いずれも行事を伴っている。これらは宗旨の別なく行なわれている場合が多い。

縁日

縁日というのは「有縁の日」あるいは「結縁の日」という事で、仏と縁のある日をいう。その日に参詣して仏と縁を結ぶと、たいへん御利益《ごりやく》があるといわれ、この日何らかの催しや行事のある寺院が多い。

○極楽寺　廿日市市原

廿日市市の北部に聳える標高六九三メートルの極楽寺山の頂上近くにある高野山派真言宗の寺院で、本尊は千手観音である。寺伝によると、天平三年（七三一）行基《ぎょうき》が諸国を廻られた折、不思議な光彩を出す大杉を発見し、それから観音像を作ってまつったのが寺のはじめで、像はそののち大同元年（八〇六）弘法大師によって開眼されたという。中世には地元の桜尾城主藤原氏や大内氏、毛利氏などの祈願寺となって、その保護を受けた。しかし江戸時代以後は寺領もなくなり、勢いも次第に衰えてきたが、現在では、県の重要文化財指定の本堂を中心に大師堂、求聞持堂、阿弥陀堂などを付設し、深い原生林に囲まれ、しかも瀬戸内海を一目で見渡せる眺望のすばらしさで、登山参拝する人々は増加し、年間数万人にのぼっている。

当寺は年に幾度かの法要があるが、とりわけ賑わうのは、毎年三月の第一日曜日の縁日である。極楽寺へ参るには廿日市、佐方、観音台などの登山道があって、昔は歩いて登ったが、現在では廿日市の登山道が寺のすぐ下まで自動車道に改修されたので、それを利用する人が多い。

御本尊の千手観音は万ずの苦しみを除いてくださる仏様で、中でも難産を軽くし、夫婦和合に御利益があるとして、参拝する人も多く、また寺では諸願成就の護摩祈祷を行なうので、それを頼む人も少なくない。これらの参拝人目当てに、あまり広くない境内に三十数店の露店が出て、たいへんな混雑である。

開山忌

○仏通寺　三原市高坂町

仏通寺は臨済宗仏通寺派の大本山である。山号は御許山という。応永四年(一三九七)沼田《ぬた》荘の地頭小早川春平が、丹波の天寧寺から愚中周及《ぐちゅうしゅうきゅう》を招いて建てた。寺の名は、周及の師の仏通禅師の名を頂いたという。寺運は時とともに栄えて、一時は寺内に十六の塔頭《たっちゅう》を持ち、末寺は、東は甲斐（山梨県）から西は筑前（福岡県）まで、およそ三千余寺であったという。現在は座禅道場があって、ここで参禅する男女はたいへん多い。

開山の愚中周及は八十七才の九月二十三日、天寧寺で入滅した。当寺ではその縁によって、その日に毎年開山忌をおこなっている。

開山忌・報恩講

寺院で先師特に祖師の法恩を思い、これに報いるために、その忌日に行われる法要である。禅宗では特に開山の法恩を重視して開山忌といい、真言宗や浄土真宗では報恩講といい、日蓮宗では報恩会またはお会式《えしき》といっている。

その忌日は、開山忌はそれぞれ禅宗本山の祖師の入滅日が当てられ、報恩講は本願寺では親鸞の忌日の前後七日間の一月十一日から十六日までをそれに当て、信義真言宗では覚鑁の忌日十二月十二日を、日蓮宗では報恩会を日蓮の忌日十月十三日をそれに当てている。

座禅

背を伸ばして坐り、与えられた問題について、一心に黙念することで、禅宗では最も大切な修業法である。

その坐り方に、両足を組み合わす結伽趺座《けっかふざ》と、片足を他の片足の上に乗せる半伽趺座《はんかふざ》とがあり、前者は修業僧や居士《こじ》の男性がとる坐り方、後者は女性がとる坐り方である。なお眼は半眼に閉じ、右掌の上に左掌を置き、親指をつける。

座禅は釈迦によってはじめられ、のち禅宗の始祖の達磨大師が採り入れて、禅宗の修行の最も重要な方式になった。達磨大師は南インド香至国の王子で、六世紀のはじめごろ中国に渡り、嵩山の少林寺で壁に向かって座禅を続け、九年の後に悟りを得たと伝えられている。

灌仏会

釈迦は紀元前四八三年の四月八日、浄飯王の子として生まれたが、伝説として、その誕生の時に梵天と帝釈とがくだって、釈迦のからだに甘茶を注いで洗ったといわれる。また別の説に、釈迦は誕生直後、前後に七歩ずつ歩き、片手で天を、片手で地を指して「天上天下唯我独尊」と言ったという。それで寺院では、四月八日には花で飾った小さな御堂を作り、その中に手で上と下を指した小さな釈迦の誕生仏を安置して、甘茶を注いで供養することが行われた。これを「灌仏会」とか「花まつり」とかいう。

灌仏会はわが国では相当古くから行われたらしい。平安時代に橘忠兼が当時の言葉を集めて「いろは順」に分類し、「伊呂波字類抄《いろはじるいしょう》」という辞書を作ったが、その中に「灌仏会」という言葉をとりあげ、「日本書紀」の記事の「延暦十七年戊寅四月八日始修此会」という文を、注として付けている。延暦十七年は七九八年である。

○洞雲寺　廿日市市佐方

応竜山洞雲寺は禅宗曹洞宗の寺である。長享元年（一四七八）厳島神社の神主で、この土地を支配していた藤原教親、宗親の父子が、周防国（山口県）の竜文寺の僧の金岡用兼《こんこうようけん》を招いて建てた寺で、藤原氏の菩提寺であった。天文十年（一五四一）藤原氏が滅亡したあとは、この土地を領した大内氏、陶《すえ》氏、福島氏、浅野氏の保護を受けた。寺の境内には藤原氏や桜尾城主桂元澄の墓のほか、厳島合戦で敗死した陶晴賢の首塚などがある。

洞　雲　寺

毎年五月八日（旧四月八日）この寺で「花まつり」が行なわれる。

花まつり

毎年この日には、本堂の前に、高

さ五〇センチほどの小さな御堂を作り、その中に二〇センチほどの誕生仏を安置し、その側らに甘茶を用意する。甘茶は甘茶蔓《あまちゃづる》の葉を乾燥して作った甘い汁である。近隣から参拝に来る人々は、仏に花を供えたり甘茶を掛けたりする。そういう参拝人のために百軒ほどの露店が出るが、飲食物の店のほかに、花や植木を扱う店の多いのが、洞雲寺の「花まつり」の特徴でもある。

○竹林寺　賀茂郡河内町

竹林寺は標高五三五メートルの篁山《たかむらやま》にある真言宗御室派の寺である。所伝によれば天平二年（七三〇）行基になって創建され、のち弘法大師によって真言宗に改められたという。本尊は千手観音で、国の重要文化財の本堂をはじめ、由緒のある建物が多く、古刹の趣きを残している。山名を篁山というのは、小野篁《おののたかむら》がこの地で生まれたという説によっている。

花まつり

当寺の「花まつり」は一ヵ月遅れの五月八日に行われる。当日、本堂の前に花で飾られた小さな御堂が置かれ、その中に釈迦の立像がある。参拝者は用意された甘茶を注いでお詣りする。午後になると、本堂で法要があり、そのあとで紅白の餅が撒かれる。高い山の奥にあって、交通の便のよくない当寺であるが、熱心な参拝者は、車のほかに、歩いて登る人も相当多い。

小野篁

小野篁《おののたかむら》は平安時代前期の人で、学者であり歌人であり、漢詩にも巧みであった。少年時代は武芸に心を奪われていたが、嵯峨天皇がその才能を惜しまれていることを知ってから、学問に身を入れ、文章生となり、次第に学識文才をもって世に知られるようになり、官途についても累進して参議兼弾正大弼となった。

しかし才人である半面、直情径行、不羈狷介で、「野狂」の異名を持っている。小「野」氏の「狂」者の意味であろう。承和元年（八三四）に、遣唐副使に任命されたが、正使の藤原常嗣と合わず、病と称して乗船しなかったので、嵯峨上皇の怒りにふれて、隠岐《おき》に流されたこともあった。「わたの原八十島かけて漕ぎ出でぬと人には告げよ海女《あま》の釣り舟」の歌は、この時詠んだ。

小野篁は、今川貞世の「道ゆきぶり」にあるように、安芸の国沼田《ぬた》の入野《にゅうの》で生まれたらしい。地元の八千代という女性が、竹林寺の本尊の千手観音に祈って、篁を生んだと伝えられていて、寺の仁王門をはいった所にある八千代池の水で、産湯《うぶゆ》を使ったといわれる。

○慶照寺　府中市土生町

慶照寺は、安芸国豊田郡本郷城主小早川家に仕えていた田坂教春という人が、致仕出家し、永禄二年（一五五九）に開基したと伝えられる浄土真宗の古刹である。ここで毎年四月八日に花まつりがある。

花まつり

市内の各地区の幼稚園児やその母親たち、信者の婦人たちの行列から始まる。園児たちは、女児は金の冠、男児は烏帽子をかぶり、長い袂に袴をはいた稚児姿で、母親たちに手をひかれ、婦人たちはタスキ掛けの姿で、花おどりをおどっていろどりを添える。この行列には白い象の形をした山車《だし》も加わっている。

行列は市の府中町にある明浄寺を出発して、市内の目貫通りを約一キロ進んで、慶照寺に着く。寺では高さ三〇センチの誕生仏を安置し、甘茶を用意してある。行列が着くと、本堂で法要があり、そのあとで参加者は誕生仏に甘茶を注ぎ、それを飲んで健康をいのる。

この花まつりは、市内の三十六の寺が合同しておこなうものであるから、府中市全体の行事のような観がある。

○長福寺　豊田郡豊浜町

当寺では、昔は旧四月八日に花まつりが行われていたが、昭和五十七年から五月一日に変わった。

花まつり

当日、寺に用意された誕生仏にまいり、甘茶を注いだり、またそれをいただいて飲んだりすることは、よその寺と変わりはない。しかし「絵解き」が行われる点が珍しく、寺僧が「地獄絵」八巻を見せて、話すことに人出を呼んで、参拝者は千人を超すこともあるという。

絵解き

「絵解き」というのは、仏教の昔の宣伝法の一つで、大衆に仏画や絵巻を示しつつ、仏教の御利益を解くという方法である。

元は単に絵巻などの絵を解説することであったが、室町時代ころから、もっぱら「地獄極楽絵」を示して、人々に解説するようになった。

浄土宗などでは、人間は死後、冥土を辿り三途川を渡って閻魔の庁に行き、そこで閻魔大王から、生前の行いに応じた判決を受けねばならないと説いた。判決は、善行をした者は「極楽」へ、悪行をした者は「地獄」へという事であるが、その地獄は、悪行の内容によって血の池、針の山、逆さ吊り、餓鬼道など幾つもある。それらを絵にしたものが「地獄極楽絵」である。

昔は学問が普及せず、いわば無智な人々が多かったため、そういう人々を教え諭すには、口で説くよりは、絵を示して目や耳に訴えたほうが、効果的であるとして、春秋の彼岸など、寺に大勢集まる時に、坊様がその絵を示しながら、教え説くことが多かった。時にはもっと効果的にするために、琵琶を伴奏した事もあるという。

これが「絵解き」である。

涅槃会

釈迦の入滅を追悼しておこなう法会である。ネハンエという。釈迦は八十才になった二月十五日、抜提河のほとりの沙羅双樹の下で、頭を北に向け、顔を西に向けて、涅槃にはいられた。その時の様子を想像して描かれた図を「仏涅槃図」といっているが、図柄はどの図も同じようである。

中心に宝台が置かれ、その上に釈迦は臥している。上方には十五夜の満月が輝き、その右方に釈迦の母君摩耶夫人が雲に乗って釈迦を迎えに来られていて、その下に抜提河が流れ、沙羅双樹が枝を垂れている。宝台の周囲には釈迦の涅槃を悲しむ人間、動物はもとより虫にいたるまでが詰めかけている。

○光明坊　豊田郡瀬戸田町

涅槃会

涅槃会をいとなむ寺院はあまり多くないが、瀬戸田町の光明坊では毎年三月の最終の日曜日に、早朝から法会をおこない、参詣人に法話をしている。珍らしい事である。

盂蘭盆

旧の七月十五日に行われる仏事で、普通「盆」と略称する。梵語のウランバーナに漢字を当てたもので、ウランバーナは、「倒懸苦」といって「木に逆様に吊り下げられた苦しみ」という意味であるという。

「盂蘭盆経」によると、目蓮尊者がその超能力で亡き母の現状を透視したところ、母は餓鬼地獄に落ちて、食べ物がなく、毎日「倒懸苦」に苦しんでいた。そこで目蓮尊者は師のお釈迦様に、何とか母の苦しみを救う方法はありませんかと教えを乞うと、お釈迦様は「お前の母は前世の業であの苦しみを与えられていて、わたしにも救えない。ただ七月十五日の僧自恣の日に町に出る大勢の修業僧に食べ物を供養しなさい」と教えられた。そこで目蓮がそうすると、餓鬼地獄の母は、その日一日はその苦しみが忘れられたとある。

この事から、仏教では七月十五日に食べ物を供えて、死者の霊を呼んで供養する風習ができた。

盂蘭盆会の行事は次のように行われる。

第一日目は「精霊迎え」で、祖先の霊をお迎えする。それには門前や川の傍で苧《お》がらを焚く。これを「迎え火」という。

第二日目はお迎えした霊に食べ物を供える。仏壇の前に「精霊棚」を作り、飯や麺類を主とした食べ物を供える。

第三日目は盆の中心になる日で、寺から坊様を招いて経を誦んでもらう。いわゆる「棚経」である。

第四日目はお迎えしていた祖先の霊をお送りする。門前や川の傍で苧がらを焚く。これを「送り火」という。なおお供えした食べ物の類はすべて川へ流す。これを「精霊流し」という。

第五日目は、無事に祖先の霊を供養したことを喜んで、町へ出ておどる。これが「盆踊」である。

精霊会

死者の精霊を呼んで供養する法会である。ショウリョウエという。古く盂蘭盆会として伝承されたが、室町時代ころから、祖先の霊に供養する意味が強くなって、この名が出た。その行事は主として川や海に精霊を流す形のものである。

○地蔵院　豊田郡瀬戸田町

地蔵院は真言宗の寺院で、精霊会に精霊流しが瀬戸内水道と呼ばれる海で行われる。

精霊流し

流される燈篭は、麦ワラの束を十文字に組み、それぞれ先端に竹を立て、赤や青や黄色の紙で囲ったもので、紙には「供養」とか「霊」とか書いてある。その数はおよそ千個、潮の流れが西へ向かう時を見すまして流す。昔は各家ごとに流していたが、現在は数隻の漁船に積み、瀬戸内水道にまとめて流す。真暗な海の上を、色とりどりの光が何十メートルもの長い列を作って美しい。

この夜は、陸では櫓を囲んで盆踊が遅くまで行われる。

○磐台寺　沼隈郡沼隈町

沼隈町能登原の磐台寺は阿伏兎《あぶと》観音をまつる。その観音堂は阿伏兎岬の先端の一〇メートルほどの岩の上にある。所伝によれば元亀元年（一五七〇）に毛利輝元によって建てられたといい、場所柄で強風を受けるため、岩の間に基礎を置き、縁を軒よりも張り出してあるので、どこから仰いでも安定感のある、自然と調和した美しい眺めとなっている。ここの精霊会を「阿伏兎まつり」という。

阿伏兎まつり

八月九日に行われる。本堂で新仏の供養が行われるころから、境内は参拝者で混みはじめる。夕刻、海岸で燈篭流しがあるころは、これに立ち合う人で身動きもできない。それに花火が打ち上げられてますます賑わってくる。

○元安川・本川　広島市中区

八月六日の夕刻から、市内を流れる元安川や本川で、「燈籠流し」がある。

燈籠流し

これらの川に、四角い小さな燈籠を流すもので、原爆で死んだ人たちの霊を慰める行事である。色とりどりの燈籠が幾つとなく、ロウソクの明かりにぼうと光りつつ、闇の水上を漂うさまは、犠牲者の魂かと思われ、川岸にたたずむ人々は、手を合わせて、心からの冥福を祈るのである。

盆踊

盆踊は盂蘭盆会の最後の行事である。倒懸の苦しみを逃れた亡者の喜びをあらわすとか、招いた祖先の魂を送る踊であるとか、あるいは盂蘭盆会を無事に済ませたあとの家人の慰労の踊とか言われるが、とにかく仏教徒にとっては大切な行事になっているので、寺院では信者を集めて、盆踊を催してきたところが多い。

盆踊の踊り方に二つある。一つは寺の境内（のちにもっと広い町の広場や学校のグラウンドにかわる）で、中央に櫓を組んで太鼓と音頭が居て、踊り手はその周囲に円陣を作り、輪になって踊るもので、踊り手の人数が多ければ、円陣は何重にもなる。他の一つは太鼓と音頭を先頭に、踊り手はそのあとに長い列を作り、踊りながら町なかを行進するものである。前者で有名なものに岐阜県の「郡上踊」

があり、後者では徳島県の「阿波おどり」がある。
踊の調子にはいろいろある。遅いものから早いものに、一つ拍子、二つ拍子、三つ拍子、四つ拍子、六つ拍子とあるが、一つ拍子は約十秒十動と遅く、六つ拍子は約十秒十六動と早い。普通は約十秒十四動の四つ拍子が歓迎されて、この早さで踊る場合が多い。

○三原市　全市

やっさおどり

「やっさおどり」は、元は仏踊といって、大善寺の境内でおどったものであったが、興が乗ってくると、寺の外へ出て、町の中をおどり歩いた。その調子は、はじめは緩急幾つかあったが、早い四つ拍子が喜ばれて、いつしかそれに一定してしまった。

踊り方に特定の型もなく、歌詞もきまっていなかった。元来、顔を隠した踊であったから、町の評判のよくない商人の家の前などでは、その家の悪口を適当に歌詞にしていたということであったが、いつしかその風習が無くなるとともに、特定の歌詞をうたうようになった。その最初は「かんちょろ」であった。最後の繰返しが「コチャエー、カンチョロエー」となるもので、曲調は俚謡の「お江戸日本橋七つ立ち」のメロディと同じである。「かんちょろ」に次いでうたわれたのは「ままよ」である。「ママヨ」という言葉ではじまる歌で、調子は十秒十六動と早かった。

しかし昭和の中ごろになって、近海でうたわれていた「あいやぶし」に代えられた。「あいやぶし」は「ハイヤぶし」ともいい、うたい出しの言葉によって歌名となったもので、江戸時代から各地の港町で流行した船歌である。その中で、四国の徳島では盆踊にとり上げられ、歌のテンポも早くされ、歌詞も改められた。それが現在の「阿波おどり」である。

三原市の盆踊も「あいやぶし」を借りて早い拍子に改めたものである。歌詞も「あいやぶし」の歌詞をそのまま借りていたが、現在では最初の一番だけは次のようにうたうが、二番以下はすべて新作され、調子も一段と早い十秒十八動となった。

アイヤ　エヤサッッサ
アイヤ　にがたの川まん中に
　アヨイヨイヨイナ
　あやめ咲くとはしおらしや
ヤッサヤッサ　ヤッサモッサ　ソンチョネ

このはやしことばの「ヤッサヤッサ」から「やっさおどり」といわれる。

○福山市　全市

二上りおどり

このおどりは、旧幕時代に福山藩士の間に発生した盆踊の一種であるといわれる。盆の日の夕方から夜中まで、三味線と胡弓とで奏する「二上《にあが》り」の曲調に合わせておどるもので、踊り子のうち、男子はすべて浴衣の尻ばしょり、女子は裾をからげて赤い腰巻をのぞかす。昔は武士や上流町家の人がおどったため、折笠をかぶったり手拭を掛けたりして、顔を隠していたらしいが、現在は一般市民の踊となって、組単位の団体として参加し、女子だけが手拭で顔を包んでいる。一つの団体は、男女七名ずつが手に四ツ竹を持ち、女三名の三味線と一名の胡弓から成っている。いずれも揃いの浴衣を着、白足袋に草履という姿である。楽器の奏する曲は幾つもあるが、歌詞は全然無い。曲はみな「二上り」で十秒十六拍と早いため、踊も早い。

この「おどり」は、江戸時代の末に近いころ、江戸詰めの藩士によって、江戸から持って帰ったものといわれ、明治年間は相当盛んに行われたらしいが、その後しばらく衰えていたのを、最近になって保存会ができて、再び盛んになってきた。

この「おどり」は歴史も古く、「二上り」という特別な曲を基にし、足の運び方も変わっているが、全員よく練習を積んでいるという事で、昭和三十六年四月十八日、広島県の無形民俗文化財に指定された。

○因島市　椋浦町

法楽おどり

盆の最後の日の八月十六日に行われる。「おどり」の中心は二十名ほどの少年である。浴衣に黒い袴、青い鉢巻、赤いタスキ、手甲、脚絆、ワラジ穿きで、刀を差し、扇子を持つ。「奉請八幡大菩薩」と書いた大幡を中心に、太鼓・鉦などの楽器を置き、踊り子の少年たちはその周囲に円陣を作り、囃しに合わせて右廻りに動く。なおその円陣の中に小さな幟を持った子供たちの輪があって、左廻りに動く。この子供たちは今年新盆を迎えた家の子供である。

法　楽　踊

円陣が廻っている時、太鼓打ちが時々「ナムアミ」と唱える。それに和して円陣の少年たちは「デーボ」という。おそらく「ダブツ」の訛ったものであろう。また時々太鼓打ちが「飛んだ、飛んだ」と声を掛けると、少年たちは扇をたたみ、刀を抜いて振りかざしつつ、片足跳びを三回続ける。

この「おどり」の一団は、町内

の艮《うしとら》神社や弘法堂などでおどったあと、海辺に出て最後の「おどり」をする。

因島は、昔は村上水軍の根拠地であった。この「おどり」はその名の示すように、踊によって八幡大菩薩の仏縁を受け、法楽を得ようとするもので、村上水軍が出陣する時におどっては、戦勝を祈願し士気を鼓舞し、帰陣した時におどっては、戦没した勇士の霊を弔ったものであろう。踊り子たちの服装も、水軍の軽装を意味し、「飛ぶ」型は船上の戦いを表現したものと思われる。しかし江戸時代になって、村上水軍が衰えてからは「おどり」の意味はまったく変わり、町民の病魔の退散、死者の冥福をいのるものとなったようである。八月十六日の盆の最後の日の海辺の「おどり」は、暮れなずむ空の下で行われ、盆のうちわが家に還っていた死者の魂を送るのにふさわしい。

この「おどり」は昭和五十六年四月十七日、広島県の無形民俗文化財に指定された。

百万遍

仏事の名である。十八人の僧が千八十個の数珠玉《じゅずだま》を綴った大念珠を繰りながら、一個の玉について百回念仏を唱えて、極楽往生を願うことで、念仏の数が百八万遍になるところから、その仏事を「百万遍《ひゃくまんべん》」といった。

百万遍をはじめたのは、京都（現在京都市左京区）の浄土宗の大本山知恩寺で、元弘元年（一三三一）京都で悪い病気が流行した時、大本山第八世の住職の空円が念仏百万遍を唱えて祈願したところ、流行が止まったのが、そのはじめという。現在その寺の地区を「百万遍」と呼んでいる。

百万遍の仏事は、のち寺から在家に及んで、信者の集まりにこれをおこなうところもある。

○多聞寺　芦品郡新市町

念珠繰り

多聞寺で毎年正月三日に行われる百万遍である。多聞寺は、寺伝によれば応永元年（一三九四）の創建で、御本尊は毘沙門天である。当寺の「念珠繰り」の起源は、宝暦九年（一七五九）の七月当地に疾病がはやったので、それをとどめようとして考えついたのが、百万遍の「念珠繰り」で、数珠玉の一つ一つに信者の名を刻んだ大念珠を作り、念仏を唱え続けたところ、疾病が治まったと伝えている。のち暫くこの仏事は途絶えていたのを、昭和三十八年（一九六三）に復活した。

数珠玉の大きいものは直径一二センチ、小さいものでも六センチ、当時の信者の数と同じ四百八十六個の玉をつないだもので、輪の直径は八メートルもある。これを、梵火を囲んだ信者七、八十人が一組となって抱えあげ、念仏を唱えながら、次から次へと廻していく。三十分くらいで、次の信者の組に渡す。

この間、寺僧も傍に立って読経を繰返している。

火渡り

○大聖院　佐伯郡宮島町

宮島の最高峰である弥山《みせん》へ登る道の一つ、厳島神社の右後方からの登山道にある大聖院《だいしょういん》は、真言宗御室派《おむろは》の本山である。大聖院の弥山本堂は弥山の頂上近くに建てられているが、その本堂前の広場で、毎年四月十五日と十一月十五日に「火渡り式」が行われる。

大聖院

火渡り

火渡りは真言宗の修行法の一つで、密教秘法である。当日午後一時ごろホラ貝が鳴り渡ると、座主《ざす》以下従僧が山伏姿で登山され、本堂で法要が行われる。本堂前の広場には縦一メートル横二メートル、高さ一メートルの桧の木枠が組まれているが、法要が終わると、その木枠に点火される。この火は、境内にある弘法大師以来の「消えずの火」から移されたものである。火勢が強まるとともに、護摩札や杉の小枝などが投げ込まれて、火は一時間ほど燃え続ける。その間従僧たちは読経を続けている。やがて火は燃え尽きてくすぶると、余燼に塩が撒かれ、その上をまず座主、そのあとから従僧たちが経を口ずさみながら、素足で渡る。続いて信者たちも渡って、一年の無事をいのるのである。

○弘法寺　野呂山

火渡り式

野呂山の東側に、「女人高野《にょにんこうや》」といわれた真言宗の弘法寺がある。ここでは十月十七日ごろ、寺の前の広場で「火渡り式」があって、護摩が焚かれる。順序や手続きなどは、宮島の大聖院と大差なく、火渡りをする信者も同じように多い。

節分祭

○大聖院　佐伯郡宮島町

節分祭

二月の第一日曜日に宮島の弥山の頂上近くにある三鬼堂《さんきどう》で行われる。町の観光協会と大聖院の主催である。この日は法要のあとの「豆撒き」が呼び物で、ミス広島や歳男の有名人を招いて、盛大に豆を撒く。またカメラの撮影会などもあって、足場が悪く交通も不便な土地であるにかかわらず、大勢の参加者が押しかけて雑踏する。

節分

旧暦で春夏秋冬の季が移り変わる節目《ふしめ》の前の日の事である。しかしのちには特に立春の前の日の事をいうようになった。

立春はもと正月の事であったため、その前日の節分は、「年越《としこし》」にあたる。そのため宮中では、節分の夜は過去一年の邪鬼の悪を追い払い、陽神の福を迎えるために、「追儺《ついな》」（鬼やらい）の行事があった。これがのちに民間にも移って、その夜は「福は内、鬼は外」と唱えて、鬼の嫌がる匂いのする焼豆を撒いたり、悪臭のあるイワシの頭を刺《とげ》のあるヒイラギの小枝に刺して、門口に立てたりするようになった。

現在の太陽暦では、節分は二月の三日か四日になる。

第三章　年中行事のまつり行事

はねおどり

「はねおどり」は一時「沼隈踊」と言ったことがある。備後一円にある踊である。所伝によれば、元和五年（一六一九）水野勝成が福山藩主となって入部した際、歓迎して農民がおどったところ、その踊を見た勝成が、勇壮な動きが多く士気を鼓舞するのに適当であると賞め、領内各村に楽器を与え、藩命をもって、雨乞い、虫送り、例祭などにおどることを奨励したといわれ、それが「はねおどり」となったという。おそらくその時の農民がおどったのが、虫送り、雨乞いの際の踊であったのであろう。

「はねおどり」は昔は備後の各地にあったと思われるが、現在この踊を残しているところは少ない。その中では沼隈町山南、福山市田尻町、福山市本郷町、深安郡神辺町の「はねおどり」などが有名である。中でも山南の「はねおどり」は昭和三十四年十月三十日、田尻の「はねおどり」は昭和四十年四月三十日に、それぞれ広島県の無形民俗文化財に指定された。

はねおどり　福山市田尻町

鬼頭一名、役鬼二名、平鬼二名、大胴五名、入鼓五名、鉦五名、音頭取一名、踊り子若干名から成る。鬼頭、役鬼は鬼面をつけ、鬼袴を穿き、鬼棒を持つ。

その他は全員浴衣に青いタスキ、白鉢巻、股引、黒い手甲、脚絆、白足袋にワラジ穿きで、手に日の丸の扇子を持つ。

大胴は直径約二尺、左半身に吊り、約一尺三寸のバチで打つ。入鼓は直径約一尺五寸で、からだの正面に吊るし、両手に持ったバチで打つ。鉦は直径約八寸の円形で、左手で吊るし右手で打つ。

はねおどり（広島県教育委員会提供）

踊の演目には早打ち、道行、せぐり、口上、宮巡り、鬼おどり打ち、さんまいどう、はね歌おどり、中おどり、はねこみ、打合わすなどがあるが、中心となるのははね歌おどり、中おどり、はねこみで、鬼以外の全員が楽器を打ち鳴らし、はねたりおどったりして、勇壮である。

なお「はねおどり」は奉納される時期も場所も一定していない。福山市田尻町の「はねおどり」は、八月十五日の武の宮八幡神社の祭礼や、七月二十七日の荒神社の祭礼におどるほか、旱りの年の六月一日には、雨乞いのため、金崎、本郷にある竜王神社におどりを奉納する。また町内の主な祝慶日にもおどる。沼隈町の「はねおどり」は毎年旧の八月一日に祭礼のある沼隈町上山南の延広八幡神社、中山南の高籠神社、下山南の艮神社の祭礼の際におどり、また町内でおどる。神辺町の「はねおどり」は十月の第二の土曜日と日曜日に、三谷の氏神様の安那神社へ奉納され、福山市本郷町の「はねおどり」は町内の八幡神社にも奉納される。

太鼓おどり

太鼓おどり　尾道市吉和町

隔年毎の旧七月十八日に浄土寺に奉納する。

長さ約四メートル、木で船の形を作り、その中央に十一面観音をまつり、外側に足利氏の紋の二つ引き両を染めた幕を張り渡し、船底に車をつけ、十数名の船方が曳く。軍船を模したもので「観音丸」という。船を囲んで四十名の太鼓方、二十名の狂言方が行列を組んで、吉和町から浄土寺へ行き、長い石段を後ろ向きに昇り、境内で一斉にはやしたり、おどったりする。踊が休んでいる間に、船方が歌をうたい、狂言方が狂言をする。

この「おどり」に参加する人々は、総数百数十名の吉和の青壮年の人たちで、いずれも海に見たてた紺地に、白波と紋とを染め出した法被に、鉢巻、手甲、脚絆、白タスキの姿で、楽の音と人々の掛声とおどる動きは、まことに勇壮である。

この「おどり」のいわれは明らかでないが、地元では次のように伝えられている。建武三年（一三三六）二月、京都から敗走した足利尊氏は、九州へ落ちる途中、尾道の浄土寺に参拝し、十一面観音に戦運挽回を祈願し、また船手を募集したところ、吉和の漁民でそれに応じる者が多かった。やがて多々羅で菊池氏を破って九州を統一した尊氏は、同年五月大挙東上したが、その途中船を尾道に着け、浄土寺に戦勝を感謝した。その際船手に従っていた吉和の漁民の功績に対して褒賞し、彼等の漁船に尊氏の御座船の形を用いることを許した。喜んだ漁民たちは陣太鼓や鉦などを組み合わせ、水軍を真似た勇壮な踊を作った。「太鼓おどり」はそれを伝えているという。

この「おどり」は、足利尊氏の件は措くとしても、水軍の戦いをよく現わしているといわれるほど、楽器の音による豪壮なおどりであるから、むしろその威力によって悪霊退散、病魔追放を祈願する

浄土寺

ものではなかったかと思われる。ともあれ吉和町挙げての大きな行事で、この「おどり」を奉納するためには、遠洋に出漁している人々も、期日までに帰港し、これに参加するという。地元の人々の信仰にも似た熱意の現れた踊として、昭和四十年十月二十九日広島県の無形民俗文化財に指定された。

亥の子

旧の十月の初亥の日に行われてきた子供たちの行事である。大きな石に、数本の縄をつけ、その端を持って一斉に引くと、石は浮きあがっては地面を打ちつける。家々を廻ってその門前でこれをおこない、「亥の子、亥の子、亥の子餅搗いた、繁昌せい、繁昌せい」とうたう。その家では御祝儀として金や餅などを渡すのが風習であったが、最近は子供相手というので、金銭の受授は禁ぜられた。「亥の子」がとりあげられたのは、亥すなわち猪《いのしし》は多産であるところから、「子孫繁昌」に掛けたとする説が強い。

「亥の子」の行事の起源は古い。平安時代初期には宮廷行事として、陰暦十月の上、中、下の亥の日の亥の刻に、新米で搗いた餅を食べて祝ったと伝えられている。これが室町時代ごろに民間にはいって収穫の祝いとなり、さらに江戸時代には内容を変えて子供の行事となったと思われる。

「亥の子」の風習は全国、特に関西地方に広く行われており、広島県内でも十一月の初亥の日に、これをおこなう所が多い。

ひな流し

三月三日は上巳の節句で、特に女の子はひな人形やその調度類を飾り、白酒、菱餅、桃の花を飾った。これを「ひなまつり」と言って、男の子の五月五日の端午の節句に対し、女の子の幸福をいのる行事である。

その際の「ひな」を真似て、紙その他で「ひな」を作り、川に流して厄払いとする行事が最近現れた。これを「ひな流し」といい、広島県内では大竹市の小瀬《おぜ》川に沿う木野《この》をはじめ、四つの地区の小学生の女の子によって、三月三日直後の日曜日に行われる。彼女たちは石膏で作った男女のひなに色紙の着物を着せ、ワラで作った小口俵《さんだわら》に乗せ、さらに梅や柳などの花や枝を添えて、川に流す。元来は「厄払い」の意味があったが、最近では「勉強ができるよう」とか「ソロバンが上手になるよう」とかの願いを書き添えることが多くなった。

厄流し

七月三十一日、庄原市を流れる西城川に架かる車橋のほとりで行われる。紙を切って作った人形に、自分の姓名と年齢とを書き、これを川に流すことで、人形はその人にふりかかる災難を、身代わりとして持っていってくれると信じられている。

昔六月三十日に宮内で行われた「大祓《おおはらえ》」が、地方に出て、内容が変わったものであろう。

付録一　新しいまつり的行事

日本人は元来陽気な性格といわれている。神社の祭礼や寺院の縁日に人出が多いのも、そのせいであろう。特に最近は、何らかのテーマを設定して、それを祭礼や縁日に似た形で実現することが流行してきた。殊に「町おこし」「村おこし」の一環として、そういうプランが考え出され、「××祭」「〇〇まつり」「フェスティバル」などと名づけて実行されると、多数の人々が参加して、なかなかの盛況を見せる。

広島県内にも、この種の催しが幾十もあり、年を追うて増加する傾向にある。以下その主なものを挙げる。

一、都市のまつり

〇広島市　フラワーフェスティバル

昭和五十二年に、新しい広島市を象徴するものとして、中国新聞社や中国放送などによって作られた。毎年五月三日から五日まで、広島市内の平和大通と平和記念公園とを舞台に繰り広げられる「花と緑と音楽の平和祭典」である。記念公園には、噴水前にシンボルタワーとして、高さ八メートルの円錐形の花の塔が作られる。またいろいろな花の名をつけたステージではさまざまな芸能の競演大会が催され、平和大通では、趣向を凝らした市民団体の列が次々と続く。開設以来、参加する人々は年々増加し、現在では全市挙げての祭となった観があり、三日間で二百万人の人出で賑わうようになった。

○福山市　福山まつり

八月十三日、十四日、十五日の三日間、福山まつり委員会の主催で行われる。県指定の「二上りおどり」をメーンに、各地区から出る盆踊の花が開く。夜は花火大会がある。

○呉市　港まつり

昭和三十二年(一九二三)に、呉港を産業港として発展することを願って作られたまつりである。四月二十八日と二十九日の二日間行われる。まつりの主な会場は呉港と港から街の中心へ通じる蔵本通で、港においては港内にはいっている船への訪問やヨットレースなどがあり、蔵本通ではステージを作って、神楽や踊や獅子舞や、海上自衛隊音楽隊の演奏などがある。そのほか食べ物店や植木店などの露店も数多く出て、このまつりは街全体の祭となっている。

○尾道市　港まつり

昭和十年（一九三五）にはじまった。寛保十年（一七四一）尾道港を開いた当時の町奉行平山角左衛門を偲ぶまつりであったが、現在は尾道市全体のまつりになっている。土堂一丁目から久保町一丁目までの商店街が中心で、百近い団体の踊や市長や市議会議長が出演する武者行列などのほかに、人気歌手や人気俳優も呼ぶ。公会堂ではカラオケ大会、住吉浜ではタライ舟競漕などがあって、市民行事となったといってよい。毎年五月の連休ごろに行われる。

○大竹市　市民まつり・大竹まつり

昭和五十六年から毎年五月上旬に行われる。「市民まつりコミュニティ運動推進協議会」主催である。会場は大竹市の総合市民会館前の広場で、特設ステージをはじめ作品展コーナーやふるさと土産品コーナー、飲食コーナー、即売コーナーなどが設けられ、また子供相手のこども広場もある。さらに市民が期待しているのは市民パレードで、婦人会の手踊りをはじめ有志の団体が多数参加する。

なお大竹市では十月の第三日曜日に大竹まつりが保存会によって行われる。会場は駅前通から本通におよぶ商店街で、市の重要文化財指定の山車や奴行列が出る。このまつりはこの地域最大のまつりといわれている。

○三次市　きんさいまつり・市内まつり・文化祭

七月末の土曜日、日曜日に行われて、神輿が出る。日曜日の夜は花火大会もある。

なお六月中旬に市民まつり、十一月上旬に文化祭がある。いずれも三次市の主催である。

○広島市　港まつり

広島祭委員会等の主催で七月下旬行われる。主会場は広島港である。吹奏楽やバトントワリングの行進のほか、自衛艦や巡視船の見学や航海の体験をさせてもらったりして、一般市民と海や港との接触を密接にすることを考えた催しである。昼は写生大会が、夜は花火大会があって賑やかである。

○東広島市　みんなのまつり

八月上旬、市の実行委員会の主催で開かれる。昭和五十四年から始まった。各団体のパレードをメーンに、ミス東広島や郷土芸能の発表がある。また子供たちのために「夢の広場」を設けて、子供向けの催しをする。

○廿日市市　豊年まつり

市名にちなんで、立春から二百二十日にあたる九月十日前後の土曜日、日曜日に行われる。市内の商店街には露店が立ち並び、婦人会の手踊りや高校バトン部の行進などがあって、町を挙げて賑わう。商工会の主催である。

二、ふるさとのまつり

○安芸郡府中町　ふるさとまつり

十一月の初旬、実行委員会によって開かれる。各団体の町内パレード、特設会場でののど自慢などのほか、ちびっ子広場では子供向けの催しがある。また青空市場も開かれて賑やかである。

○山県郡加計町　加計まつり

商工会や観光協会の主催で、七月十二日、十三日の両日行われる。町内に残る「げんこつ踊」や「太鼓踊」の実演のほか神楽の競演がある。なおこの「まつり」は付近の深山峡の「峡開き」を兼ねている。

○加茂郡大和町　ふる里まつり

実行委員会の主催で、八月の第四日曜日に開かれる。相撲大会や剣道大会のほか、芸能の発表会もあり、町民の作品展も開かれて賑わう。

○双三郡三良坂町　ふるさとまつり

実行委員会によって、十一月一日から三日間、中央公民館や農協会館などを使って、公民館まつりや芸能発表会や諸種の展示会が開かれ、また戸外ではマラソン大会もある。盛りだくさんな催しは賑やかである。

○比婆郡東城町　東城まつり

商工会によって十一月五日に行われる。神儀や神輿のほか、大名行列や仮装行列も出て、町を挙げての賑やかな一日である。

○比婆郡西城町　ふるさとまつり

実行委員会の主催で十月下旬に行われる。西城川太鼓や神楽の実演、子供相撲などがあるほか、各種の展示会が開かれる。

○賀茂郡豊栄町　豊栄まつり

運営委員会によって、十一月上旬に開かれる。公民館や体育館を会場にして、民謡や舞踊の発表があるほか、各種の品評会や花木展も開かれて賑わう。

○山県郡大朝町　ふるさとまつり

実行委員会の手によって十一月上旬に行われる。公民館祭や産業祭のほか、神楽や町民の芸能発表会もある。なお釣堀も開放されて人気がある。

○甲奴郡総領町　ふるさとコンサート

町のリーダーバンクの主催で、十月末から十一月初の土曜日と日曜日の午後六時ごろから午前三時ごろまで開かれる。素人の発表会で、会場にはコタツの設備もあり、バー、おでんの店などのサービスもあって、心楽しい催しである。

三、夏のまつり

○広島市　太田川夏まつり

広島祭委員会等によって、八月十日夜、太田川放水路に架かる新庄橋と三滝橋との間の河川敷で行われる。従来「燈籠流し」などの行事といっしょに行われていたのを、昭和四十二年に独立させて、花火大会を主とした催しとなった。陽が落ちるころ、主催者の開始宣言に次いで、諸団体の婦人たちの手踊りやジャズダンスや人気タレントの歌謡ショーやミス広島の発表などがあり、午後八時ごろから花火大会となる。花火は川の西岸に設けられた仕掛花火と、数か所に置かれた打上げ花火とであるが、仕掛け花火は川面に映って美しく、打上げ花火は大小三千発が夜空に高く光の花を開いて見事である。そのためこの「夏まつり」は「ソン・エ・ルミエール」（音と光の祭典）と呼ばれる。当日会場の河川敷に集まる見物人は例年二十万人にのぼるといわれる。

○呉市　夏まつり

観光協会の主催で、八月下旬に市営二河プールで開かれる。戦後間もなく始まったもので、メーンの盆踊競演大会の歴史は古い。そのほかに歌謡ショーもあって、市民の最大の納涼の一ときである。

○竹原市　夏まつり

商工会議所等の主催で、七月の下旬から八月の上旬までの土曜日、日曜日に行われる。主な行事は、花火大会、漕伝馬、やっさおどりなどで、人出も多い。

○府中市　夏まつり

実行委員会の主催で、八月上旬の土曜日と日曜日に開かれる。屋内の音楽会のほか、屋外では各種団体のパレードや踊がある。

○庄原市　夏まつり

市観光協会の主催で、七月二十五日に上野公園をメーン会場にして行われ、特に花火大会が見事である。

○豊田郡本郷町　夏まつり

実行委員会の主催で、七月下旬の金曜日と土曜日の二日間行われる。第一日日は子供神輿が出たり、夜店が開かれたり花火が打ちあげられたりする。第二日は神輿太鼓や「やっさおどり」の競演がある。

○比婆郡西城町　夏まつり

商工会主催で、七月下旬に西城川のほとりで開かれる。町内の踊の競演会のほかは、花火大会が見事である。

○比婆郡東城町　夏まつり

商工会の主催で八月五日開かれる。主として路上が使われ、書展、生花展のほか子供たちの箱庭作りが楽しい。

○福山市　花火大会

福山市鞆町の弁天島で、五月の最後の土曜日、市主催の花火大会があり、暗い夜空と海上に光のさまざまな模様が描かれて、見事である。

○豊田郡木江町　十七夜まつり

観光協会の主催で、旧六月十七日行われる。内容は盛り沢山で、陸上の道中おどりや神輿、海上の漕伝馬、空中の花火大会と、苦心と工夫の痕がうかがえる。

○山県郡戸河内町　火矢まつり

商工会や観光協会の主催で、七月の第三土曜日の夜開かれる。夏まつりの一種で神楽競演大会、花火大会がある。そのほか町内でマス釣り大会があって人々を集める。

○佐伯郡宮島町　水中花火大会

観光協会の主催で八月十四日夜開かれる。陽の落ちた午後八時ごろ、沖に三隻の台船が並び、空中に二千五百発の花火を打ちあげる。また鳥居前の海中に仕掛けた花火三百発が水中から打ち出される。奇観である。この夜の見物人は六、七万、対岸の大野町の海岸にも十万の人出がある。

四、花のまつり

○広島県　花の祭典

広島県内千三百の花き関連業者が開くもので、平成五年は二月十九日広島市の総合展示館で行われた。三十九回目にあたる。さまざまな美しい草花が展示されたほか、花を集めて作った巨大な作り物や各流の生け花など、広い会場は花で埋まる。

○広島市　桜まつり

佐伯区五日市中央六丁目にある大蔵省造幣局広島支部で四月上旬行われる。ここには、「通り抜け」で名高い大阪市の造幣局から移植された染井吉野や八重桜が植えられている。特に八重桜は二十九品種百八十一本もある。大阪の造幣局と同じように、桜は通路に沿って植えられているので「花の廻り道」と名づけられている。平成四年の開園時には、入園者は五日間で、八万数千人にのぼった。

○庄原市　桜まつり

観光協会主催で上野公園で開かれる。公園には周囲四キロの上野池があって、その周りと池の中の弁天島には桜が約二千本ある。開花は四月のはじめから約一ケ月、特に夜桜が見事である。人々はボンボリの間を縫って歩く。公園内の休憩所には売店もあるが、島で宴を開く人も多い。

○廿日市市　桜まつり

四月の中旬、市庁舎の近くの桜公園で行われる。趣向を凝らした催しがある。平成四年には中世の武将毛利元就をテーマに、廿日市市、山口県の山口市、長門市などの有志が、元就や大内義隆、陶晴賢《すえはるかた》ならびにそれらの家臣に扮して、気勢をあげた。

○福山市　バラまつり

花園町のバラ公園は、昭和三十年に造られ、約千本のバラが植えられたが、現在は約二百種五千本となり、その開花期の五月中旬の三日間にバラまつりがある。昭和四十三年に「市のまつり」として始められたが、現在ではバラの鑑賞、ミスバラの発表会、バラコンテスト、バラ行進等バラ関係の催しのほかに、市民文化祭や少年たちの柔剣道大会、あるいはびっくり市など各種の催しがあって、市内はたいへんな賑わいとなる。

○甲奴郡上下町　あやめまつり

町と観光協会の主催で、六月下旬の二週間ほど開かれる。曹洞宗寺院の安福寺や矢野温泉を中心に、町内には三百五十種、十万本のあやめや花菖蒲が植えられ、開花期は見事である。平成四年の来町者は三万人を越えた。

○山県郡千代田町では六月初旬にサツキまつり、山県郡大朝町では七月初旬ラベンダーまつりが行われる。

○広島市　菊花展

市公園協会主催で十一月上旬に中央公園で開かれ、各地の栽培者の華麗な名作が集まる。見事である。

○福山市　菊花展覧会

市主催で十月下旬から十一月中旬ころまで、城跡公園で開かれ、愛好者から優秀作の出品がある。年々その数がふえ、技術も向上して、見事な作品が多い。

○尾道市　菊人形展

市と観光協会の主催で、十月上旬千光寺公園で開かれる。人形はＮＨＫの大河ドラマや、テレビで有名になった名場面から選ばれることが多い。菊花で飾る技術も毎年向上して、評判を高めている。

○比婆郡西城町　紅葉まつり

十月中旬ごろ紅葉の時を見て、竜王山の池の段で行われる。町の観光協会の主催である。会場では各団体の踊のほか、宝探しなどもあって、賑やかな一日となる。

○三段峡　春まつり・紅葉まつり

ここで春は春まつり、秋は紅葉まつりが行われる。観光協会と三段峡同業組合の共催である。

春まつりは三段峡探勝の幕明けを知らせるもので、四月二十九日ＪＲ可部線の三段峡駅前の広場で行われる。関係者による神事があり、その後神楽の競演や太鼓の披露打ちなど地元芸能が行われたのち、谷の入口の両岸から長く渡した綱に吊るした数十の鯉のぼりの下で、マスやヤマメの釣り大会があるなど、参会者を飽かせない。

紅葉まつりは十月の第二日曜日に、同じくJR可部線の三段峡駅前の広場で行われる。神事のあとの演し物《だしもの》は、神楽が主体で地元の四つの神楽団の競演である。なお会場付近には写真のコンテストや地元特産のシイタケや山菜の即売、ロクロ細工の盆や茶道具の青空市もあって客を呼ぶ。客は春まつりにくらべて、遠方から来る人が多いという。

五、その他のまつり

○福山市　カカシまつり

福山市東村町の東村小学校のグラウンドとその通学路に、児童の作ったカカシが百体ばかり並ぶ。棒にワラを結びつけ、布や紙で胴体を作り、麦ワラ帽子をかぶせただけの簡単なものであるが、どれも力作である。また別に、町内各地区では高さ二メートルぐらいのカカシを載せた山車《だし》を作り、これを曳いて町内を廻ったあと、小学校に集まってくる。

これらの山車がグラウンドに集合すると、農民代表とカカシ代表との間に、ユーモラスな挨拶が交わされる。そのあとは子供会、婦人会、青年団の「カカシのうた」や「東村音頭」などが合唱され、笑い声と拍手のうちに行事は終わる。なお小学校体育館では、町内有志の生花と書画が展示され、また農作物の即売もある。

この奇妙なまつりは、戦後の疲弊や困憊の地域に、笑いと活気を生み出そうと、農民たちの思いついた試みで、戦後すぐにはじめられ、毎年十二月の第一日曜日に行われるが、ねらいどおりの成功をおさめ、コミュニティ作りに大いに役立っているという。

○甲奴郡上下町　カカシまつり

町や観光協会の主催で、十月一日から十日まで矢野温泉で開かれる。各種のカカシが展示されるほか、郷土芸能も演じられる。

○佐伯郡湯来町　ホタルまつり

町内を流れる水内川と打尾谷川に棲むホタルをテーマに、七月一日から五日までの「ホタルまつり」を計画中である。温泉観光同業組合と旅館組合との共同主催である。

六、自然のまつり

○比婆山　山開き

西城町観光協会の主催で、六月第一日曜日に行われる。竜王山の頂上にある広場に、美古登山の御陵に向けて祭壇が組まれ、ふもとの町村から集まった人々が参列して、神事が厳そかに執り行われる。そのあとは手踊り、のど自慢のほか、太鼓の演奏、神楽の奉納など、賑やかな行事が続く。

○道後山　山開き

標高一二六九メートルの道後山は、四季を通じて登山者が多い。六月の中旬ころ、山開きの行事がある。午前十時ころ、頂上で安全祈願の神事が行われたあと、地元婦人会の手踊りや神楽の奉納がある。最近はパラグライダー飛行もある。

なお当日は「ツツジ祭」も兼ねて行われる。当山のツツジはヤマツツジで、ツツジの中では開花が最も遅いが、花弁の赤色が濃くて、ピンクのタニウツギや白いアジサイの中で特に目立つ花である。

○野呂山　山開き

野呂山《のろさん》の山開きは毎年四月末から五月初めの休日に行われる。山頂の国民宿舎「野呂高原ロッジ」で神事が行われ、登山安全が祈られる。そのあと山頂マラソンがある。参加者は三、五、七キロの三コースに分かれて走る。沿道には登山者が並んで声援を送る。その間ロッジ前の広場ではカラオケ大会やのど自慢や俵御輿や民謡大会などがあって、歓声が一日中山にこだまする。

○三倉岳　山開き

三倉岳は大竹市の北部にあって、標高七〇一メートル、朝日岳、中岳、夕陽岳の三つの峯に分かれている。どこもロッククライミングに適していて、クライマーを集めている。観光協会主催で、五月中旬に山開きの神事が行われ、登山者の安全が祈願される。

○江の川　川開き

観光協会主催で七月初め鵜飼の始まるころ行われる。陽の落ちた午後七時ころ、三次市太歳の乗船場に設けられた祭壇の前で神事がはじまる。神職の祝詞に次いで三人の鵜匠がお祓いを受け、シーズン中の豊漁と鵜の安全を祈願する。これが済むと、暗くなった川面にカーバイトの燈りを映しつつ、十羽前後の鵜を載せた船が三隻、川に乗り出してアユを試漁する。

○河佐峡　川開き

河佐峡は、府中市を流れる芦田川の上流である。三川ダムから流れ出る水が、この峡谷で、大小無数の岩を洗ったり渕を作ったりして、奇観を呈している。ここで七月中旬、府中市観光協会の主催で川開きがある。神事に次いで初泳ぎが披露され、いよいよ川は開放される。

○小瀬川　川まつり

小瀬川は佐伯郡佐伯町の鬼が城山に源を発し、玖島川などを合わせて、広島県と山口県の県境を流れて、大竹市で海に注ぐ。この川水は清流で、大竹市に製紙や化繊の業を発展させた。七月下旬に川まつり振興会の主催で、小瀬川の大和橋下流で川まつりが行われ、神事のあと花火大会がある。

○阿多田島　海開き

阿多田島は大竹市小方町に属し、厳島の南四キロの海上にある。漁業の盛んな島であるが、海水がきれいなため、夏は海水浴場として利用される。七月下旬定期船組合の主催で、海開きが行われる。安全をいのる神事のあと、有志による模範飛込みや模範水泳があって、いよいよ一般の人に正式に開放される。

○神竜湖　湖水まつり

帝釈峡観光協会の主催で、四月二十九日の「みどりの日」に行われる。当日神竜湖遊覧船桟橋で安全祈願の神事があり、役員や関係者を載せた遊覧船が湖の中心に進む。湖には上空に渡した針金に色とりどりの鯉のぼりがつながり、その中央に薬玉《くすだま》がある。と、近くの猿ケ丘公園から巨大な竜が姿を現し、口から煙を吐きつつ薬玉目がけて進む。体長約四メートルの布製の竜も針金に吊ってある。竜の頭が薬玉に当たる。薬玉が割れて、紙吹雪が舞い散り「湖水まつり」の垂れ幕が下がる。湖水には遊覧船が往来し、湖岸では荒神神楽のほか撮影大会、写生大会、宝探し、写真コンテストなどが行われる。

○土師ダム　湖畔フェスティバル

春から秋までの間の日曜日に行われる。ダムの左岸中央部にあるせせらぎ公園がメーン会場で、ステージの上で、郷土の古典芸能から新民謡まで、盛りだくさんの演《だ》し物で、郡内最大のレジャー祭典といわれている。

○白竜湖　ダムまつり

賀茂郡大和町の観光協会主催で、八月十四日の夜（雨天順延）湖のほとりで行われる。神事のあと、盆踊や音楽会が開かれ、花火大会もある。

○駒ケ滝　滝まつり

駒ケ滝のそばに、弘法大師御作と伝えられている観音像がまつられていて、四月二十九日の「みどりの日」に、都志見の有志によって「滝まつり」が行われる。法要のあと、餅撒きや子供相撲などがある。折から山にはツツジや山桜が咲いているので、ハイキングを兼ねてこのまつりに参加する人が多い。

○道後山　雪まつり

正月のある時期に、西城町の観光協会主催で道後山で開かれる。神事のあと、有志によるスキーカーニバルがある。

この雪まつりは道後山の「冬山開き」でもある。

付録二　祭・まつり的行事月別表

月日	場所	名称
一月 1	厳島神社（佐伯・宮島）	神衣献上式
3	能登原八幡宮（沼隈・沼隈）	御弓
3	多聞寺（芦品・新市）	念珠繰り
9	宇津神社（豊田・豊）	百手神事
15	神明社（豊田・大崎）	とんど
一月中	道後山	雪まつり
二月 3	吉備津神社（芦品・新市）	節分祭（うそばなし）
19	広島県（広島市）	花の祭典
第一日曜	大聖院（佐伯・宮島）	節分祭
第二日曜を含む三日間	三原市	神明市
旧1/8	沼名前神社（福山・鞆）	お弓神事
旧1/14に近い土曜	神明社（御調・久井）	神明祭
旧1/27に近い土、日	常磐神社（三原・幸崎）	浜のまつり
三月 20 21 22	厳島神社（佐伯・宮島）	清盛祭
三日直後の日曜	小瀬川（大竹・木野）	ひな流し

月日	場所	名称
第一日曜	極楽寺（廿日市・原）	縁日
最終の日曜	光明坊（豊田・瀬戸田）	涅槃会
四月 8	慶照寺（府中・土生）	花まつり
15	大聖院（佐伯・宮島）	火渡り
15 16 17	厳島神社（佐伯・宮島）	桃花祭
28 29	呉市	港まつり
29	三段峡	春まつり
29	神竜湖	湖水まつり
29	駒ケ滝	滝まつり
1〜30	庄原市	桜まつり
上旬	広島市	桜まつり
中旬	廿日市市	桜まつり
旧3/10	吉備津神社（芦品・新市）	八講祭
第一日曜	多家神社（安芸・府中）	牛祭
第二日曜	御調八幡宮（三原・幸）	花おどり
第三日曜	日吉神社（庄原・山ノ内）	早駈け馬
四月〜十月の間の日曜	土師ダム	湖畔フェスティバル

月日	場所	名称
五月 1	長福寺（豊田・豊浜）	花まつり
3	尾道市	港まつり
3 4 5	広島市	フラワーフェスティバル
5	清神社（高田・吉田）	市入り
8	竹林寺（賀茂・河内）	花まつり
8	洞雲寺（廿日市・佐方）	花まつり
上旬	大竹市	市民まつり
上旬	野呂山	山開き
中旬	福山市	バラまつり
中旬	三倉岳	山開き
最後の土曜	福山市	花火大会
最後の土、日	高松神社（安佐北・可部）	大文字まつり
	浮幣社（三原・幸崎）	浮鯛祭
	室原神社（豊田・豊浜）	アビ祭
六月 5	地御前神社（佐伯・大野）	御陵衣祭
8 9 10	稲荷社（広島・中）	とうかさん
30	大歳神社（三次・三次）	茅の輪くぐり

月日	場所	名称
初旬	山県郡千代田町	サツキまつり
中旬	三次市	市民まつり
中旬	道後山	山開き
下旬	甲奴郡上下町	あやめまつり
第一日曜	比婆山	山開き
旧5/12に近い日曜	柏島神社（豊田・安浦）	管絃祭
七月 1~5	佐伯郡湯来町	ホタルまつり
12 13	山県郡加計町	加計まつり
13	住吉神社（豊田・東野）	櫂伝馬
14 15 16	素盞嗚神社（芦品・新市）	祇園祭
15	八重垣神社（御調・久井）	祇園祭のおどり
16	吉備津神社（芦品・新市）	深夜祭祀
25	庄原市	夏まつり
27	荒神社（福山）	はねおどり
31	西城川（庄原市）	厄流し
14に近い日曜	八坂神社（竹原・忠海）	祇園みこし
初旬	山県郡大朝町	ラベンダーまつり

月日	場所	名称
初旬	江の川	川開き
中旬	河佐峡	川開き
下旬	広島市	港まつり
下旬	比婆郡西城町	夏まつり
下旬	小瀬川	川まつり
下旬	阿多田島	海開き
下旬の金、土	豊田郡本郷町	夏まつり
下旬の土、日	竹原市	夏まつり
最終の土、日	三次市	きんさいまつり
第三土曜	山県郡戸河内町	火矢まつり
第二日曜	素鵞神社（豊田・安芸津）	祇園祭
旧6/4に近い日曜	沼名前神社（福山・鞆）	お手火神事
第三日曜	須佐神社（甲奴・甲奴）	矢野の神儀
旧6/7－6/14	祇園社（尾道・久保）	夏祭
旧6/14 6/15	住吉神社（広島・中）	住吉さん
旧6/16 6/17	厳島神社（因島・重井）	明神祭
旧6/17	厳島神社（佐伯・宮島）	管絃祭

月日	場所	名称
旧6/17	厳島神社（豊田・木江）	櫂伝馬競漕
七月か八月	領家八幡宮（世羅・甲山）	神儀おどり
八月 5	比婆郡東城町	夏まつり
6	元安川・本川	燈篭流し
9	磐台寺（沼隈・沼隈）	阿伏兎まつり
10	広島市	太田川夏まつり
13 14 15	福山市	福山まつり
14	佐伯郡宮島町	水中花火大会
14	白竜湖	ダムまつり
14 15	高御調八幡神社（御調・御調）	みあがりおどり
15	武の宮八幡神社（福山）	はねおどり
15	八幡神社（福山・本郷）	ひんよう踊
16	地蔵院（豊田・瀬戸田）	精霊流し
16	大須賀神社（三原・沼田）	ちんこんかん
16	三原市	やっさおどり
16	福山市	二上りおどり
16	因島市椋浦町	法楽おどり

月日	場所	名称
19 20	高御調神社（御調・御調）	廿日胡
19 20	胡神社（世羅・甲山）	廿日胡
26 27	峯本稲荷神社（広島・中）	稲荷さん
下旬	呉市	夏まつり
上旬の土、日	府中市	夏まつり
第四の日曜	賀茂郡大和町	ふるさとまつり
旧7/18	浄土寺（尾道・吉和）	太鼓おどり
旧7/18	厳島神社（佐伯・宮島）	玉取祭
旧7/1に近い土、日	塩屋神社（広島・佐伯）	道空祭
九月 15	大力谷八幡神社（双三・三和）	八幡さん
23	仏通寺（三原・高坂）	開山忌
29	亀山八幡神社（山県・芸北）	乙九日祭
10前後の土、日	廿日市市	豊年まつり
彼岸	榊山神社（安芸・熊野）	筆祭
第四の日曜	宇津神社（豊田・豊）	櫓祭
旧8/15	八幡神社（安芸・江田島）	大名行列
旧8/17	吉備津神社（芦品・新市）	相撲奉納

月日	場所	名称
旧8/15の次の日曜	神山神社（豊田・安浦）	祭礼
十月 2	早立八幡神社（世羅・世羅西）	神儀
5	鶴岡八幡神社（神石・豊松）	神事
8 9	稲荷神社（世羅・世羅西）	神殿入り
9 10	亀山神社（呉・清水）	八幡さん
9 10	八岩華神社（呉・仁方）	櫂踊り
10	伊賀和志天満宮（双三・作木）	鈴合わせ
10 11	亀鶴山八幡神社（神石・油木）	神儀
10 11	松尾様（東広島・西条）	酒まつり
11 12	天満宮（廿日市・天神）	氏神祭
12	辻八幡神社（双三・吉舎）	神殿入り
14 15	大歳神社（安芸・江田島）	神楽
17	弘法寺（野呂山）	火渡り式
1～10	甲奴郡上下町	カカシまつり
12直前の日	厳島神社（安芸・下蒲刈）	棒の舞・神幸
上旬	尾道市	菊人形展
中旬	比婆郡西条町	紅葉まつり

月日	場所	名称
下旬	比婆郡西城町	ふるさとまつり
下旬	福山市	菊花展覧会
旧9/9	吉備津神社（芦品・新市）	流鏑馬
第一の土、日	稲生神社（竹原・福田）	獅子舞
第二の日	三段峡	紅葉まつり
第二の日	八幡山八幡宮（安芸・坂）	秋まつり
第二の土、日	安那神社（深安・神辺）	はねおどり
第三の日	大竹市	大竹まつり
下旬の土、日	甲奴郡総領町	ふるさとコンサート
第四の日	大頭神社（佐伯・大野）	お鳥喰祭
十月中	竜王山（尾道・原田）	小味の花おどり
十月中	瀬賀八幡神社（賀茂・豊栄）	吉原神儀
十一月 1 2 3	双三郡三良坂町	ふるさとまつり
3	吉備津彦神社（尾道・東土堂）	べっちゃあ
5	比婆郡東城町	東城まつり
15	大聖院（佐伯・宮島）	火渡り
18 19 20	胡子神社（広島・中）	えべっさん

月日	場所	名称
上旬	三次市	文化祭
上旬	安芸郡府中町	ふるさとまつり
上旬	賀茂郡豊栄町	豊栄まつり
上旬	山県郡大朝町	ふるさとまつり
上旬	広島市	菊花展
旧10/17	吉備津神社（芦品・新市）	秋季大祭
旧十月の初亥	広島県内	亥の子
十二月第一の日	福山市	カカシまつり
31	厳島神社（佐伯・宮島）	鎮火祭

著者経歴
明治40年京都市生まれ。昭和８年東京大学文学部国文学科卒業。文部省国語調査官補を経て、広島高師教授、広島大学教授。昭和45年定年退官。現在、広島大学名誉教授、廿日市市文化財保護審議会委員。その間、甲南女子大学教授（10年）、広島県文化財保護審議会委員（35年）等奉職。学会役員多数。

主な著書
『近世の国語教育』（文部省）
『婦人語の研究』（東京堂）
『女性語辞典』（東京堂）
『遊里語の研究』（東京堂、文部省刊行助成）
『書簡用語の研究』（渓水社）
『広島県の民謡』（中国放送）
『広島県の神楽』（第一法規）
『広島県の盆踊』（渓水社）
『広島県の獅子舞』（渓水社）
『広島県の囃し田』（渓水社）

現住所
731-51　広島市佐伯区観音台１-17-24

広島県の祭り
平成五年六月二十日発行
著　者　真下三郎
発行所　株式会社　渓水社
広島市中区小町一－四（〒七三〇）
電話（〇八二）二四六－七九〇九
振替　広島四－一八二八二
製　版　㈱鳳舎
印　刷　株式会社ニシキプリント
定価　一九八〇円（本体一九二二円）